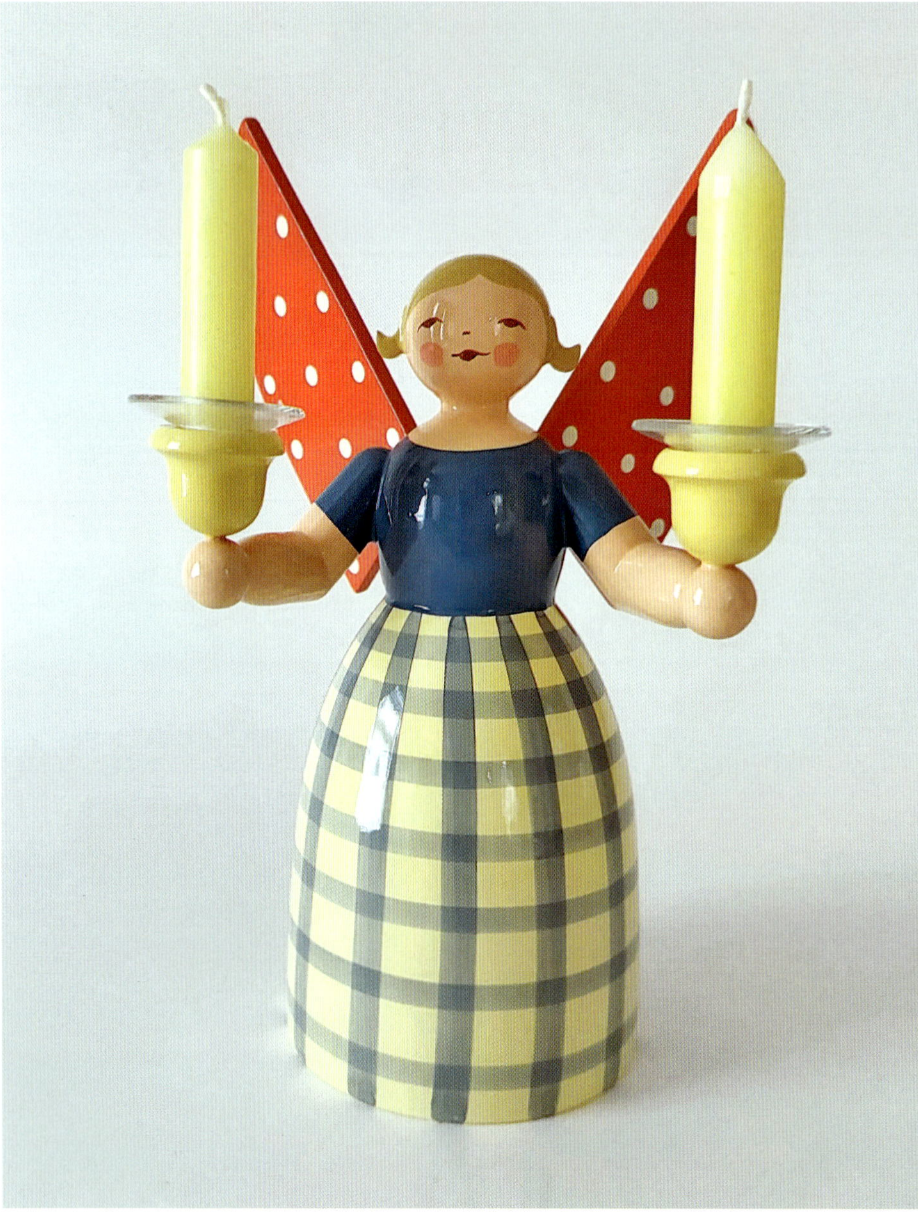

Alix Paulsen

Lasst Engel musizieren

Die zauberhafte Figurenwelt von Wendt & Kühn

Husum

Umschlaggestaltung unter Verwendung von Abbildungen aus dem Buch

Bibliografische Information der Deutschen Nationalbibliothek

Die Deutsche Nationalbibliothek verzeichnet diese Publikation in der Deutschen Nationalbibliografie; detaillierte bibliografische Daten sind im Internet über http://dnb.dnb.de abrufbar.

Bildnachweis/Fotonachweis: Alle Abbildungen Weihnachtshaus Husum.

Das Buch erscheint zur gleichnamigen Sonderausstellung im Weihnachtshaus Husum 2023.

Gesamtherstellung: Husum Druck- und Verlagsgesellschaft
Postfach 1480, D-25804 Husum – www.verlagsgruppe.de

ISBN 978-3-96717-141-9

Inhalt

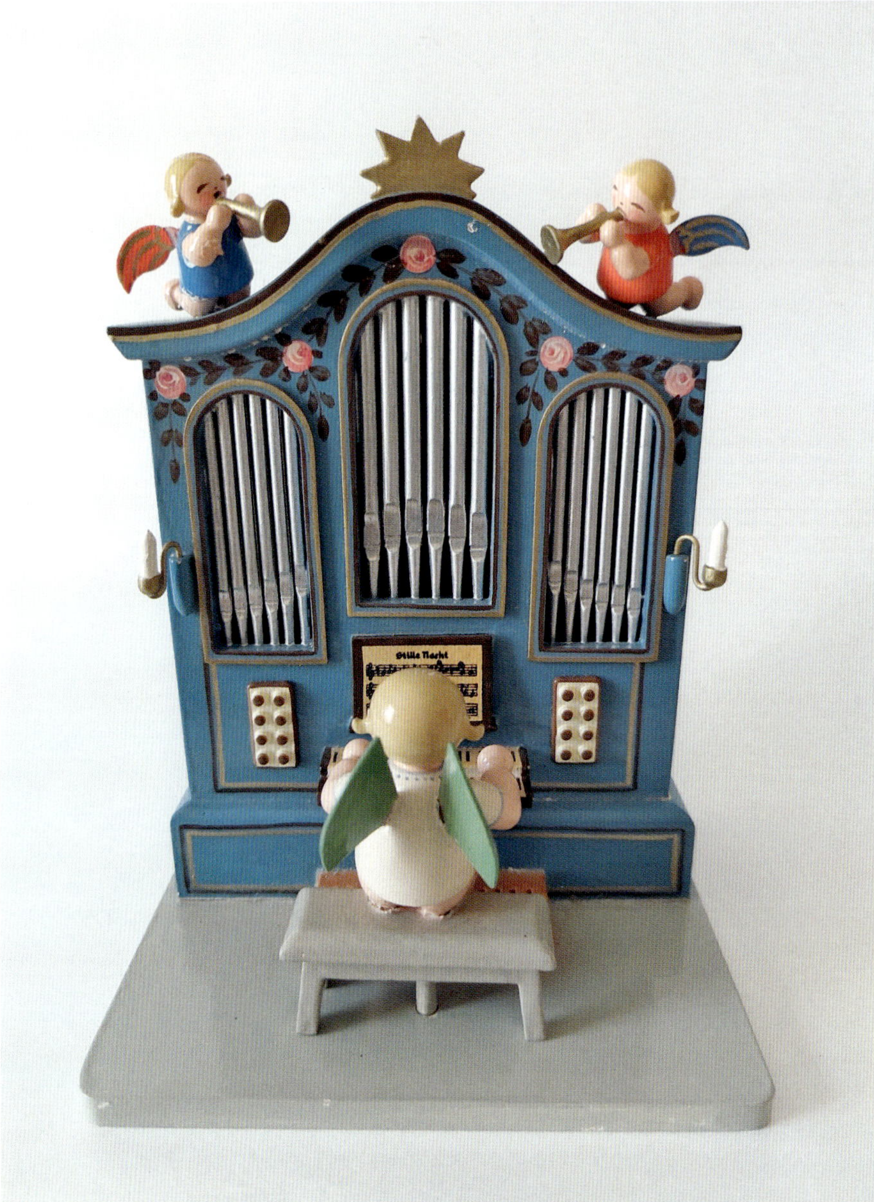

Orgel mit Spieluhr, hier aus der Produktionszeit um 1950

Glückauf, Geburtstagskinder!

Erhard Lenk

Zu Petrus spricht der liebe Gott:
„Heut ist zu gratulieren
Heinz, Ruth, Fritz, Jutta, Liselott …
Lasst Engel musizieren: –
Orchester vier, Kapelle acht,
verstärkt durch zwei Solisten! –
Und, wenn es keine Mühe macht,
füllt rasch noch ein paar Kisten
mit kunterbunter Schnitzerei
aus Sachsens Weihnachtsbergen,
mit glitzerblankem Allerlei:
mit Hasen, Enten, Zwergen,
mit Hampelmännern aller Art,
mit Häuschen, Wagen, Bäumen
und Wichteln mit und ohne Bart!

Und streut von unsern Träumen
die schönsten zur Geburtstagsnacht
den Kindern auf die Erde …
Und weckt sie morgen früh recht sacht!

Die sieben Schaukelpferde,
die Ernst sich wünschte, Kurt und Hans,
Fred, Lothar, Rudolf, Aennchen,
sind auch genehmigt. Und für Franz
ein Dutzend Heinzelmännchen.
Fragt, bitte, beim Geburtstagsmann
und seinen zwölf Gesellen
noch wegen neuer Wünsche an,
und lasst es mir bestellen,
wenn etwas auf dem Lager fehlt.

Nehmt ihr den Großen Wagen?
Habt ihr die Engel ausgewählt
zum Packen und zum Tragen?"

Der alte Petrus lacht und nickt:
„Sie schaffen schon und schanzen.
Fünf Kisten sind bereits verschickt.
Und tausend Engel tanzen
seit gestern früh als Lied und Lust,
als Hoffen und Verlangen
in der Geburtstagskinder Brust,
als Hoffen, Sehnen, Bangen …"

„Brav, Alter", spricht der liebe Gott,
„nun will ich meinen Segen
für Heinz, Ruth, Fritz, Fred, Liselott
noch zu den Gaben legen."

(aus „Hans Kunterbunt",
Juni 1933, Beilage der Leipziger Neuesten Nachrichten, die von 1926–1941 alle 14 Tage erschien)

Einleitung

Vor Weihnachten, wenn die Tage wieder kürzer geworden sind, werden in vielen Häusern rechtzeitig für die Adventszeit die Schachteln mit weihnachtlichen Figuren hervorgeholt. Ein Engelchen nach dem anderen wird liebevoll ausgewickelt, einige der Figuren haben etwas Farbe eingebüßt, andere ihr Instrument verloren. Aber für alle gibt es einen Platz auf der Wolke, auch für die kleinen Invaliden. Auch bei meinen Großeltern standen die Elfpunkte-Engel mit ihren blonden Zöpfchen zu einem großen Orchester aufgebaut. In meinem Elternhaus musizierten die gleichen Engel rund um die Krippe aus dem Grödnertal. Bei meinen Großtanten in Sachsen dagegen waren es einige der kleinen Margeritenengel mit einem Korb voller rotbackiger Äpfel, einer Puppe und einem Stern, die das Christkind in der Krippe besuchen wollten. Viele dieser kleinen Figuren werden wie in unserer Familie aus der Manufaktur von Wendt & Kühn aus Grünhainichen stammen, weil dort die Wiege der Engel mit den grünen Flügeln steht. Sie feiern in diesem Jahr ihr hundertstes Jubiläum. Natürlich hat manch ein anderer Hersteller in der Folge ähnliche Figuren auf den Markt gebracht, aber der gelungene Körperausdruck und der Charme und die feine Bemalung der Gesichter wurden selten erreicht.

Die Elfpunkte-Engel wuchsen in den vergangenen 100 Jahren von einem Trio zunächst zum Orchester, dann in immer neuen Varianten: mal im Bogen, mal auf dem Schlitten oder mit Laternen ausgerüstet, mal als Christ-

Margeritenengel aus der Produktion um 1930

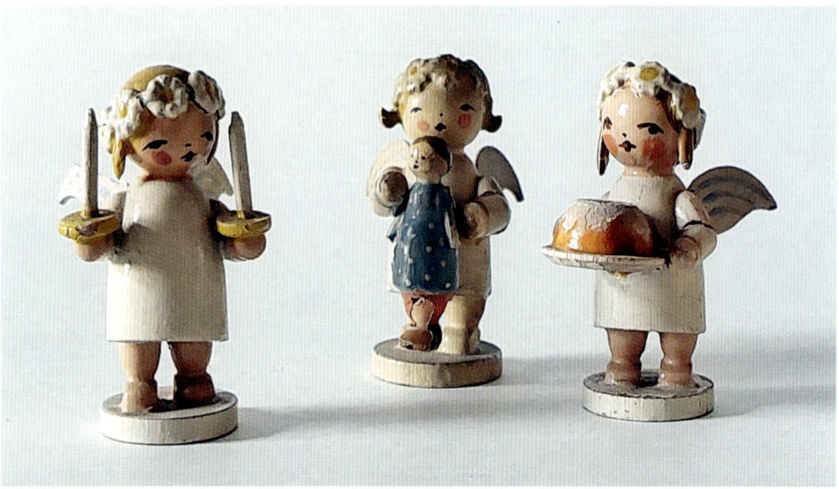

baumschmuck ganz verwegen auf einer Sternschnuppe oder im Mond reitend oder mit dem Umzugswagen beladen mit einem ganzen Haushalt unterwegs ... Zusätzlich bestückt mit vielerlei kleinen Gaben, in unterschiedlichen Größen oder als Sonderedition für bestimmte Unternehmen. Die Goldedition, die seit 2009 jährlich in limitierter Form angeboten wird, lässt sie auf vergoldetem Fuß, ausgestattet mit einem vergoldeten Utensil, ganz besonders festlich erscheinen.

Zum 100. Geburtstag erscheint das Trio der allerersten Elfpunkte-Engel stehend auf einem vergoldeten Stern streng limitiert als Figurensatz.

Was ist es, das die Sammler dieser kleinen Figuren seit 100 Jahren immer wieder neu in seinen Bann zieht und die kleinen Engel bis heute nicht unmodern, sondern zu einem Sammelgebiet werden lässt, das aufgrund der vielen Einzelstücke fast unendlich groß erscheint? Dieser Frage und der Geschichte der Manufaktur, ihrer Gründerinnen und der Künstlerinnen sowie der großen Figurenwelt, die nicht nur für die Weihnachtszeit entstanden ist, will der vorliegende Band anhand von Beispielen aus der Produktion von den Anfangsjahren bis heute anhand der Sammlung des Weihnachtshauses in Husum nachgehen.

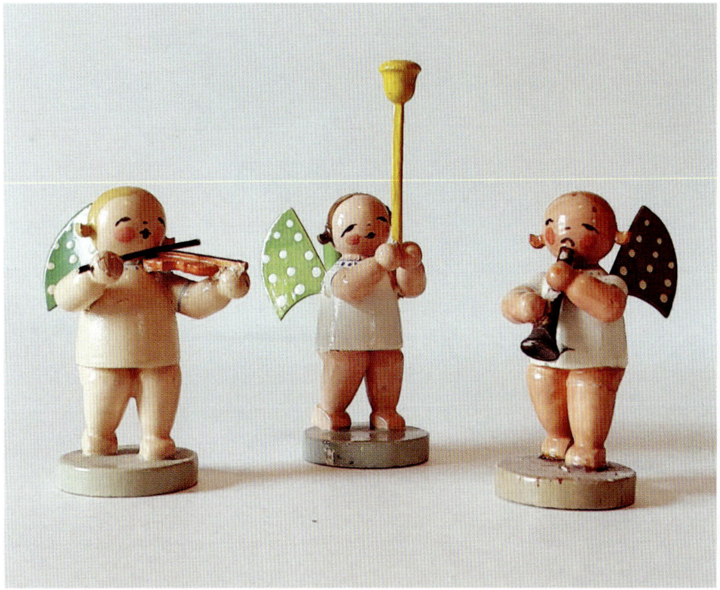

Drei Elfpunkte-Engel aus der Herstellungszeit um 1930

Bei der Fülle der Figuren konnte nur ein Teil in die Betrachtung aufgenommen werden, den Schwerpunkt bilden natürlich weihnachtliche Figuren.

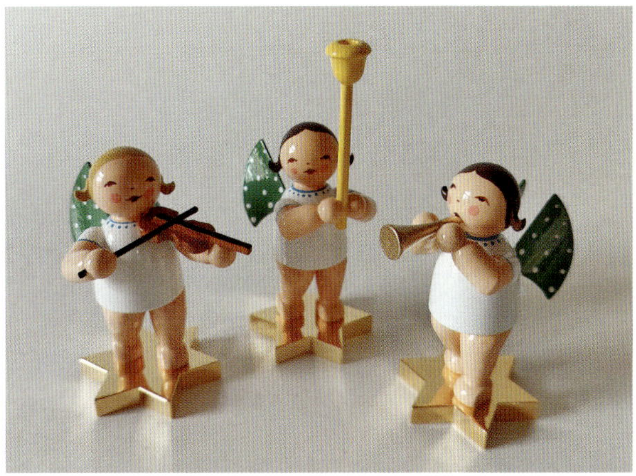

Wendt & Kühn

Margarete Wendt war bereits durch ihren Vater Albert Wendt, Lehrer und späterer Direktor an der Gewerbeschule in Grünhainichen, von klein auf vertraut mit der Herstellung von Holzspielwaren in der erzgebirgischen Tradition. Margarete Wendt, genannt Grete, übte sich schon früh im Gestalten und Zeichnen und entscheidet sich für eine Ausbildung an der Königlich-Sächsischen Kunstgewerbe-Schule in Dresden, wo sie von 1907–1910 studiert. Sie gehört zum ersten Jahrgang einer Frauenklasse, bis zu diesem Zeitpunkt war die Akademie ausschließlich Männern zugänglich. Grete Wendt hatte ihre Unterkunft im Hause des Architekten Ernst Kühn, dessen Tochter Margarete Kühn gemeinsam mit ihr in der Klasse von Prof. Margarete Junge studierte. Margarete Junge ist es auch, die den beiden jungen Frauen auf dem Weg in die Selbstständigkeit mit Ratschlägen zur Seite steht und auch später einen engen Kontakt hält. Schon während ihrer Studienzeit erhält Grete Wendt von Karl Schmidt, dem Gründer der Deutschen Werkstätten in Hellerau, den Auftrag, die Figuren zu einer Weihnachtskrippe zu gestalten. Auf Anraten von Karl Schmidt geht Grete Wendt nach Abschluss des Studiums für ein Dreivierteljahr nach München in die Geschäftsstelle des Künstlerausschusses der Bayerischen Gewerbeschau für das Jahr 1912. In dieser Zeit entstand der erste Entwurf zu einem Engel. Dieser war ausgestattet mit grünen Flügeln und verziert mit zwölf weißen Sternen für einen Ringleuchter. Noch sind die Arme steif, nicht schräg angesetzt. In verkleinerter und veränderter Form entstand ein Kerzenträger und wurde als Geschenk für ihren Bruder Johannes zum ersten Kriegsweihnachten 1914 ins Feld versandt. Der

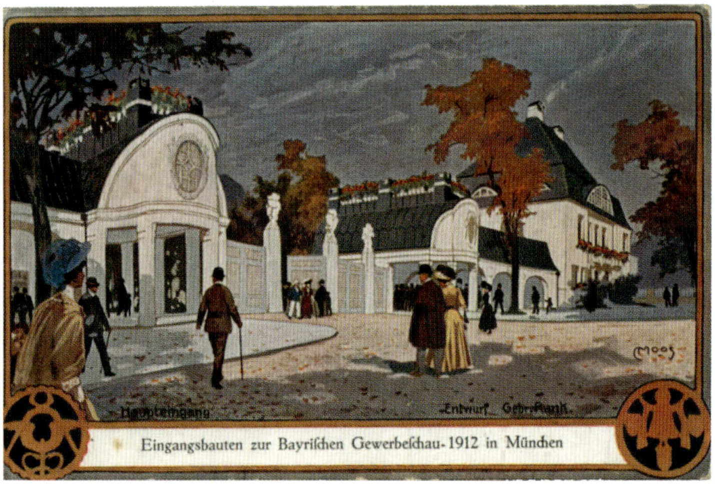

Bayerische Gewerbeschau 1912, Historische Postkarte

Engel taucht zehn Jahre nach Firmengründung unter der Bezeichnung „Engel Nr. 28" im Angebot auf. Engel wurden zum Leitmotiv der Firma. 1913 entwirft Grete Wendt eine Gruppe von Beerenkindern, verpackt in einer bemalten Spanschachtel, und reicht diese zu einem Wettbewerb des Landesvereins Sächsischer Heimatschutz für „Gute Reiseandenken" ein. Sie gewinnt einen zweiten Preis. Auch diese Figurengruppe wird ebenso wie die Krippenfiguren später ins Programm der eigenen Firma aufgenommen.

Am 1. Oktober 1915, mitten im Ersten Weltkrieg, gründete Margarete Wendt (1896–1979) mit ihrer Studienkollegin Margarete Kühn (1887–1977), beide Grünhainichen, die Offene Handelsgesellschaft M. Wendt & M. Kühn. Es ist Margarete Junge (1874–1966), die erste Entwürfe für das Firmensignet zeichnet. Mit der Firmengründung verbunden ist der Vertrag, der unter anderem vorschreibt, dass bei Heirat einer der Gründerinnen diese das Unternehmen zu verlassen hat. Dieser Vetragspunkt war eine Vorsichtsmaßnahme, denn im Fall einer Heirat übernahm nach damaligem Gesetz automatisch der Ehemann die Geschäftsführung. Als Margarete Kühn 1920 heiratet, verlässt sie das Unternehmen, das von diesem Zeitpunkt an den Firmennamen „Wendt & Kühn" trägt.

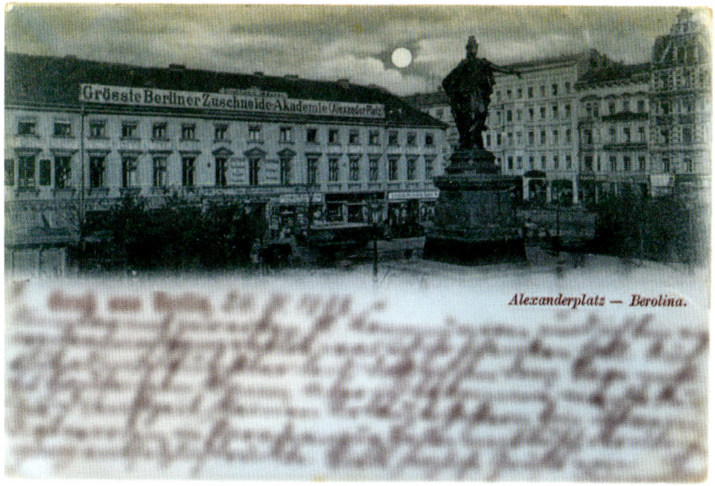

Das Berolinahaus am Alexanderplatz trägt die weit sichtbare Aufschrift „Größte Berliner Zuschneide-Akademie". Postkarte, gelaufen 1898

Bereits 1919 war Johannes Wendt als Mitinhaber und kaufmännischer Leiter in die Firma eingetreten.

Im Jahr 1920 war es wieder die ehemalige Professorin von Grete Wendt, die für das Unternehmen eine wichtige Weichenstellung vornahm. Auf Empfehlung von Margarete Junge begann Olga Sommer, genannt Olly, ein Praktikum bei Wendt & Kühn. Ihre einjährige Ausbildung an der „Berliner Zuschneide-Akademie – Fachwissenschaftlich technische Hochschule für europäische Damenmode" und ihr Zeichentalent sind wunderbare Voraussetzungen für das Bemalen und Entwerfen von Holzfiguren. Olly Sommer (1896–1991) geboren in Riga/Livland, siedelte im Jahr 1913 zusammen mit ihren Eltern nach Dresden um und begann ihre weitere Ausbildung

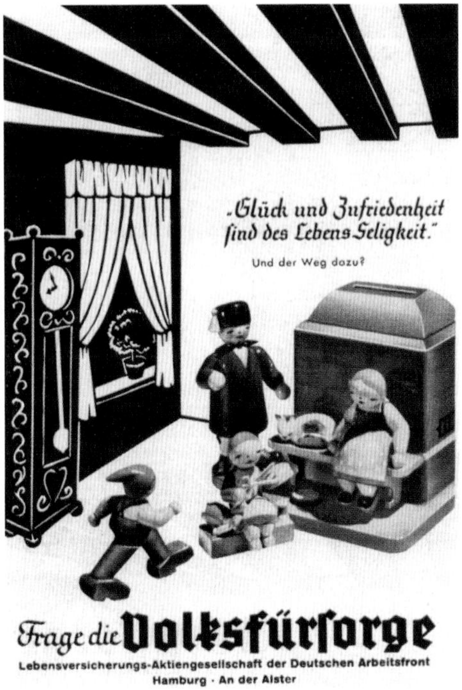

Werbung in: Illustrierte Zeitung, Weihnachten 1942

dort an der Gewerbeschule bei Margarete Junge. Dabei ist es die russische Malerei, die im ganzen Baltikum präsent war, die Olly Sommer als neue Inspiration in die Bemalung der Figuren einbrachte. Aus der zunächst als Praktikum geplanten Zeit bei Wendt & Kühn wurde nicht nur eine feste Anstellung, sondern durch die Heirat mit Johannes Wendt im Jahr 1930 kam es zum Familienanschluss. Mit Olly Sommer, verheiratete Wendt, entstand neben den Entwürfen von Grete Wendt ein weiterer Figurenkomplex, der bis heute an der eigenen Handschrift zu erkennen ist.

Die Firmenentwicklung

Bereits ab 1916 stellte das Unternehmen auf der Leipziger Messe aus. Angeboten wurden Figuren, Griffelkästen und bemalte Spanschachteln. Aber es wurden auch Grabausstattungen wie Kreuze für die gefallenen Soldaten produziert. Nach dem Ersten Weltkrieg entstanden Figurengruppen wie die Holländer oder die Kopenhagener Fischfrauen, hergestellt für den internationalen Markt, und erhöhten damit den Exportanteil. Sonderanfertigungen als Werbefiguren für große Firmen wie die Volksfürsorge in Hamburg sowie Aufträge für Weihnachtsgaben wie für die Wandererwerke in Chemnitz ließen den Umsatz steigen. Im Zweiten Weltkrieg herrschten sowohl Mitarbeiter- als auch Materialmangel. Die Produktion von Engeln war nicht kriegswichtig. Um dem Abzug ausgebildeter Facharbeiter an die Front zu entgehen, begann Wendt & Kühn notgedrungen mit der Produktion von Schiffsmodellen und Militärfahrzeugen für Offiziersschulen. Ob diese Produktion der Grund für die Verhaftung von Johannes Wendt 1945 war? Er kam ins Kriegsgefangenenlager in Tscherepowez, wo er im gleichen Jahr verstarb.
1946 wurden in der SBZ aufgrund eines Volksentscheids 50 % der Firmen enteignet, auch Wendt & Kühn entging dem Schicksal nicht. Grete Wendt gelang es, schon Mitte des Folgejahres die verstaatlichten Anteile zurückzukaufen. Die Beliebtheit der feinen Holzwaren, nicht nur in der SBZ, sondern auch im Westen, führte dazu, dass diese Produkte zur beliebten Exportware wurden

und als Devisenbeschaffer unverzichtbar waren. Konnte man im Osten immer schwerer eine Figur ergattern, so mussten die Importeure im Westen Koppelgeschäfte eingehen. Das bedeutete, dass zu den georderten Wendt-&-Kühn-Figuren anteilig die teureren Spieluhren geordert oder andere, weniger beliebte Produkte aus anderen Erzgebirgsfirmen mitgekauft werden mussten.

1954 trat Hans Wendt (1930–2008), Sohn von Johannes und Olly Wendt, nach einer Ausbildung in Bayern zum Drechsler sowie einem Ingenieurstudium in die Firma ein und übernahm drei Jahre später die Leitung. 1972 wurde auch Wendt & Kühn endgültig verstaatlicht und in „VEB Werk-Kunst Grünhainichen" umbenannt. Immerhin blieben die Initialen „W-K" für „Werk-Kunst" bzw. „Wendt & Kühn" erhalten, bis Schritt für Schritt alle Holzprodukte aus dem Erzgebirge die Bezeichnung „Expertic" trugen und somit ohne weitere Kenntnis nicht mehr der genauen Produktionsstätte zuzuordnen waren. Mit der Enteignung verließ Grete Wendt den Betrieb und starb im Jahr 1979 im Alter von 92 Jahren.

Ein weiteres Problem entstand durch das Verbot, größere Objekte im eigenen Betrieb herzustellen. Die Firma Gahlenz in Gahlenz/Oederan bekam die Fertigung von Großfiguren übertragen. Dazu gehörten sowohl die Elfpunkte-Engel im Stern oder Mond als auch die sechs großen Spieluhren, die für die Karstadt Warenhaus GmbH als große Dekorationsobjekte für Weihnachtslandschaften in den großen Häusern wie Berlin, Ham-

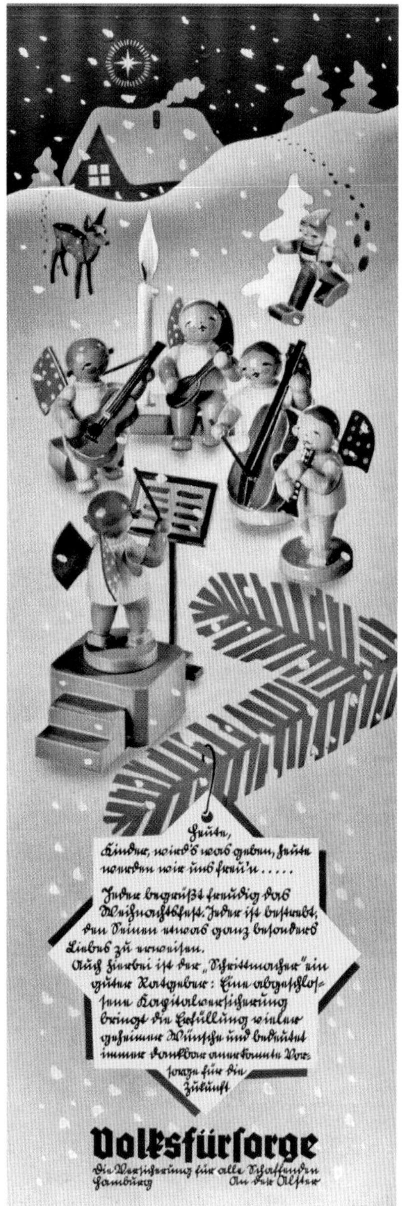

Werbung in: Illustrierte Zeitung, Weihnachten 1941, Leipzig

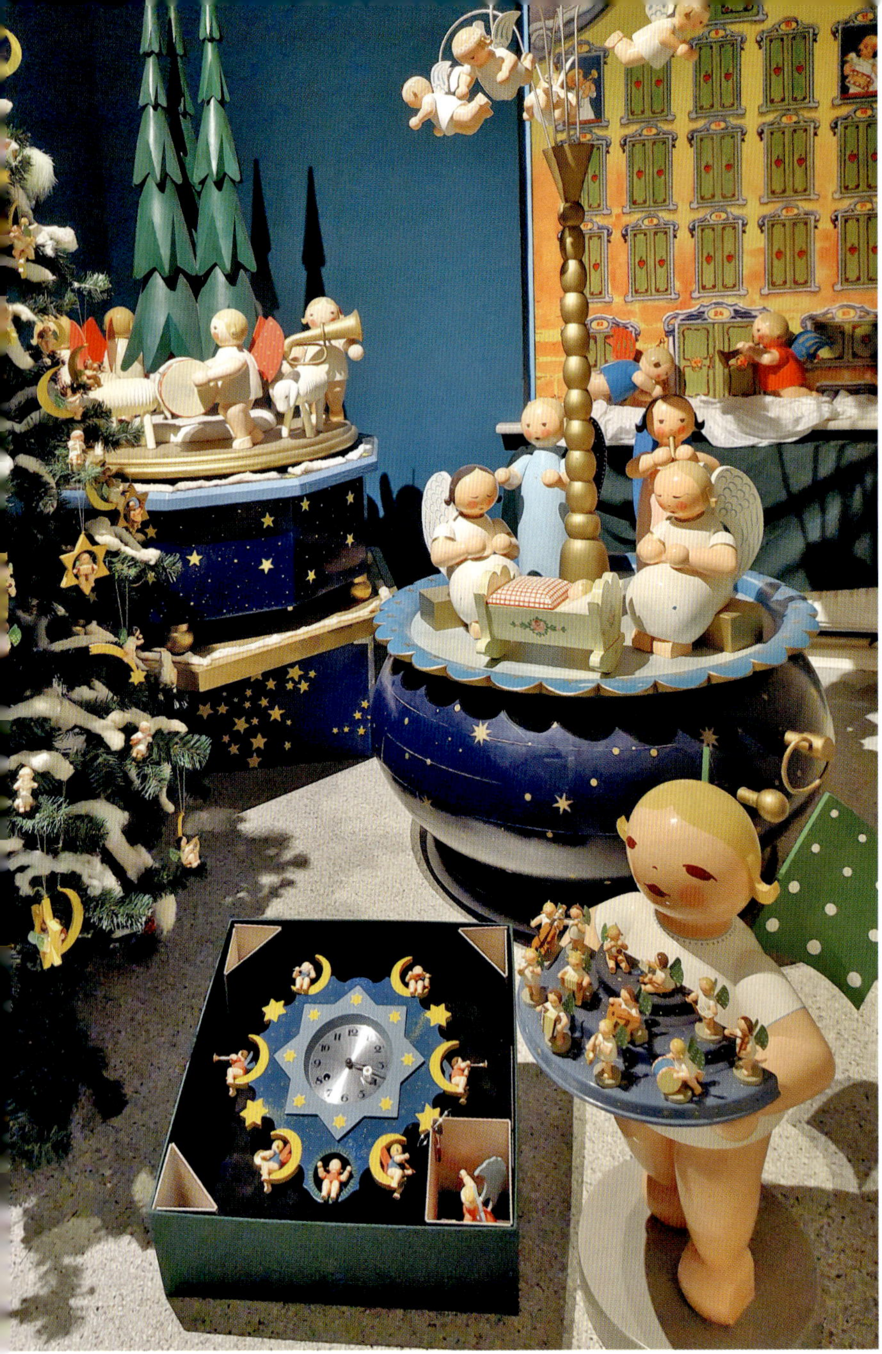

burg oder München gebaut wurden und von denen zwei heute im Weihnachtshaus Husum zu sehen sind. Die Rechte zur Fertigung der Großfiguren konnten erst nach der Wende zurückgeholt werden. Nach der Wende begann mit der Reprivatisierung der Wendt & Kühn KG mit Hans Wendt als geschäftsführendem Komplementär am 1. Juli 1990 ein neuer Abschnitt. Nach der Wiedervereinigung wurde der Verkauf über Fachgeschäfte erfolgreich wieder aufgenommen, nicht nur in Deutschland, sondern weltweit. 1997 stieg sein Sohn Tobias Wendt in das Familienunternehmen ein und leitete es vom 1. Januar 2002 bis Ende 2010. Seitdem wird Wendt & Kühn von seinen beiden Geschwistern Claudia Baer geb. Wendt und Florian Wendt geleitet.

Blick in die Ausstellung mit den zwei Groß-Spieluhren, gefertigt für die Karstadt Warenhaus GmbH in Essen. Im Vordergrund ist die Neuauflage der Wanduhr zu sehen, die Grete Wendt im Jahre 1931 entworfen hat. Zu jeder vollen Stunde erklingen abwechselnd die Lieder „Guter Mond, du gehst so stille" und „Weißt du, wie viel Sternlein stehen". Damit setzt das Spielwerk der Schweizer Firma Reuge die Originalmelodien aus dem Jahr 1931 in speziell für die Wanduhr neu arrangierter Form um.

Die Weihnachtskrippe

Die Figuren der Weihnachtskrippe sind wohl die frühesten Entwürfe von Grete Wendt und entstanden bereits 1910 zur Studienzeit. Sie gehen zurück auf einen Auftrag von Karl Schmidt und auf ihre Zeit in den Hellerauer Werkstätten. Gedacht waren sie zum Aufbau einer Spielzeugabteilung im Betrieb in Hellerau. Dazu sollte es nicht kommen, stattdessen erfolgte die Umsetzung erster Figuren bei der Firma TH. Heymann in Großolbersdorf im Jahr 1910. Die Krippe wurde später in das Angebot von Wendt & Kühn übernommen und in zwei Größen bis in die 1950er-Jahre gefertigt. Die Farbgebung der Figuren scheint teil-

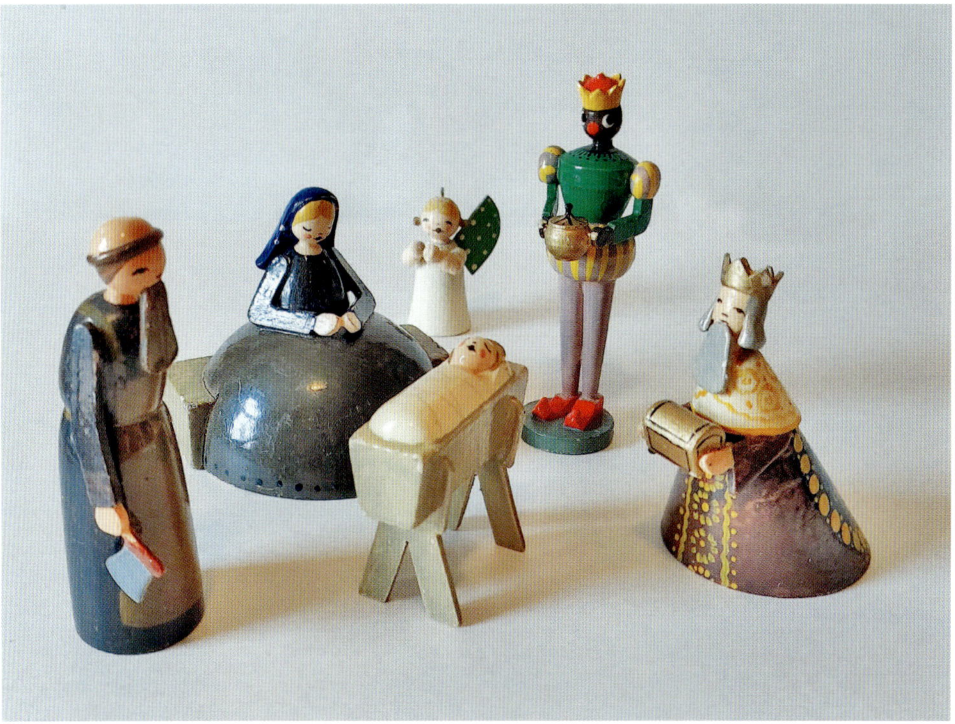

Die Krippenfiguren nach dem Entwurf von Grete Wendt sind teilweise gemarkt mit einem Stempelaufdruck „Germany".

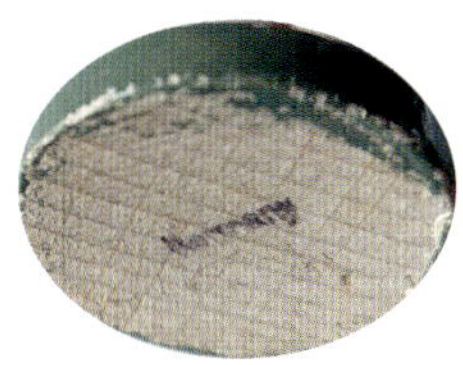

weise zu variieren, so wurde 2023 bei einer Internet-Auktion ein kniender König in rotem Gewand angeboten. Die Figurengruppe umfasste vor dem Zweiten Weltkrieg die Heilige Familie, die Heiligen Drei Könige sowie drei Hirten. Dazu mehrere kleine Engel, deren Gewand bodenlang war, sowie Schafe und Bäume, die aber vermutlich nicht aus der Produktion von Wendt & Kühn stammten, sondern von anderen Herstellern zugekauft wurden. Die zusätzlich geplanten Tiere wie Ochs, Esel und Kamel wurden nicht umgesetzt. Die hier gezeigten Figuren tragen weder einen Firmenstempel noch einen Aufkleber, sondern nur einen Stempel „Germany". Es ist zu vermuten, dass es sich um sehr frühe Exemplare handelt.

Seit 2022 wurde die Produktion der Krippenfiguren bei Wendt & Kühn in einem kleineren Format in Etappen von mehreren Figuren wieder aufgenommen. Die Heilige Familie und drei Hirten mit zwei Schafen sowie einem Krippenengel sind bereits im Angebot. Der Krippenstall nach den alten Entwürfen soll im Herbst 2023 folgen.

Krippenfiguren aus der Produktion seit 2022

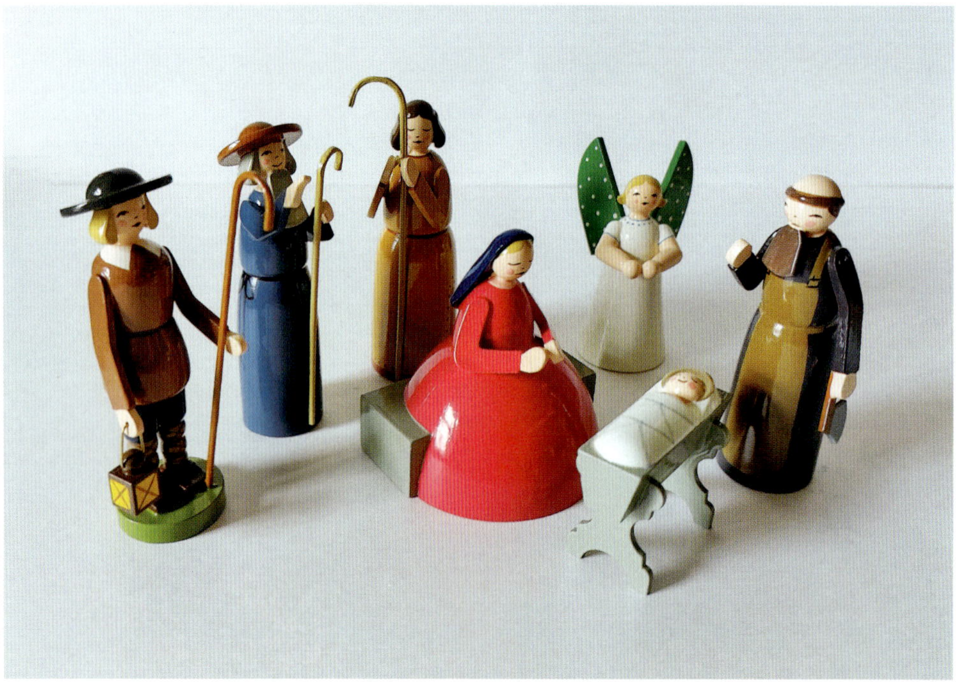

Der 28er-Engel und sein Vorgänger

Der Entwurf zum ersten Engel von Grete Wendt entstand bereits Jahre vor der Firmengründung. Seine Größe, das schlichte, lange weiße Gewand und der ernste Gesichtsausdruck lassen ihn besonders festlich erscheinen. Die Flügel tragen bereits die grüne Färbung, der Schmuck bestand aus zwölf kleinen weißen Sternen. Ausgehend von diesem Engel entwickelt Grete Wendt durch Anwinkelung der Arme und Bestückung mit zwei Kerzenhaltern einen kindlicher wirkenden Engel. Es war ein Geschenk für ihren Bruder, der 1914 sein erstes Kriegsweihnachten an der Ostfront verbrachte. Besitzer und Engel kehrten heil nach Hause zurück, der kleine Engel wurde später als sogenannter 28er-Engel ins Programm von M. Wendt & W. Kühn aufgenommen, wo er bis heute in sechs verschiedenen Größen von 6 bis 21 cm gefertigt wird und als beliebter Lichtträger seinen festen Platz im Angebot hat.

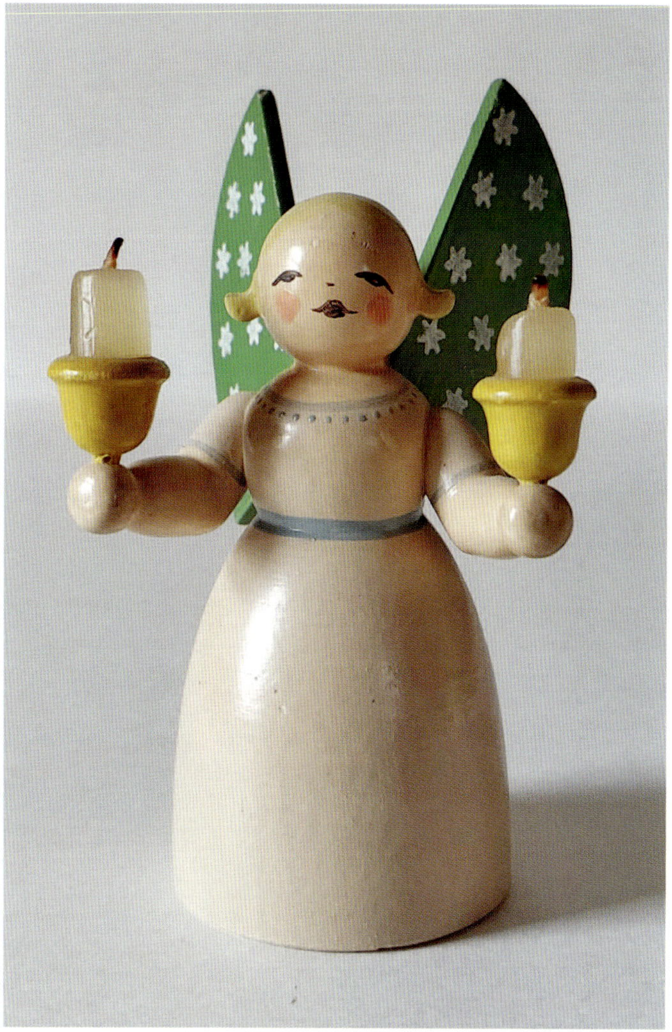

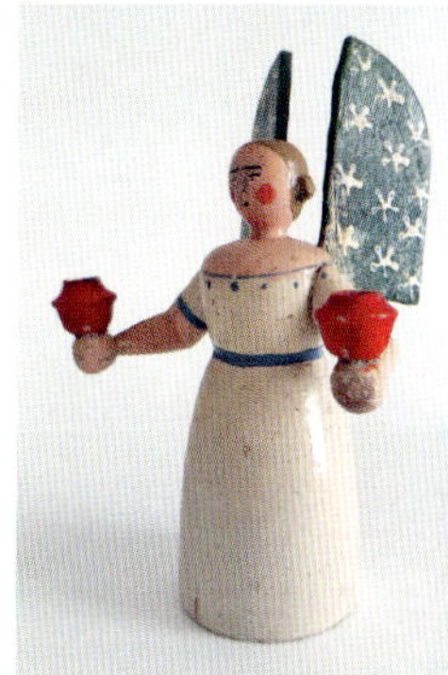

Der sogenannte 28er-Engel diente offensichtlich als Vorlage zum Plakat der 2. Dresdner Weihnachtsmesse 1946.

Plakat zur 2. Dresdner Weihnachtsmesse 1946, hier abgebildet die Postkartenversion.

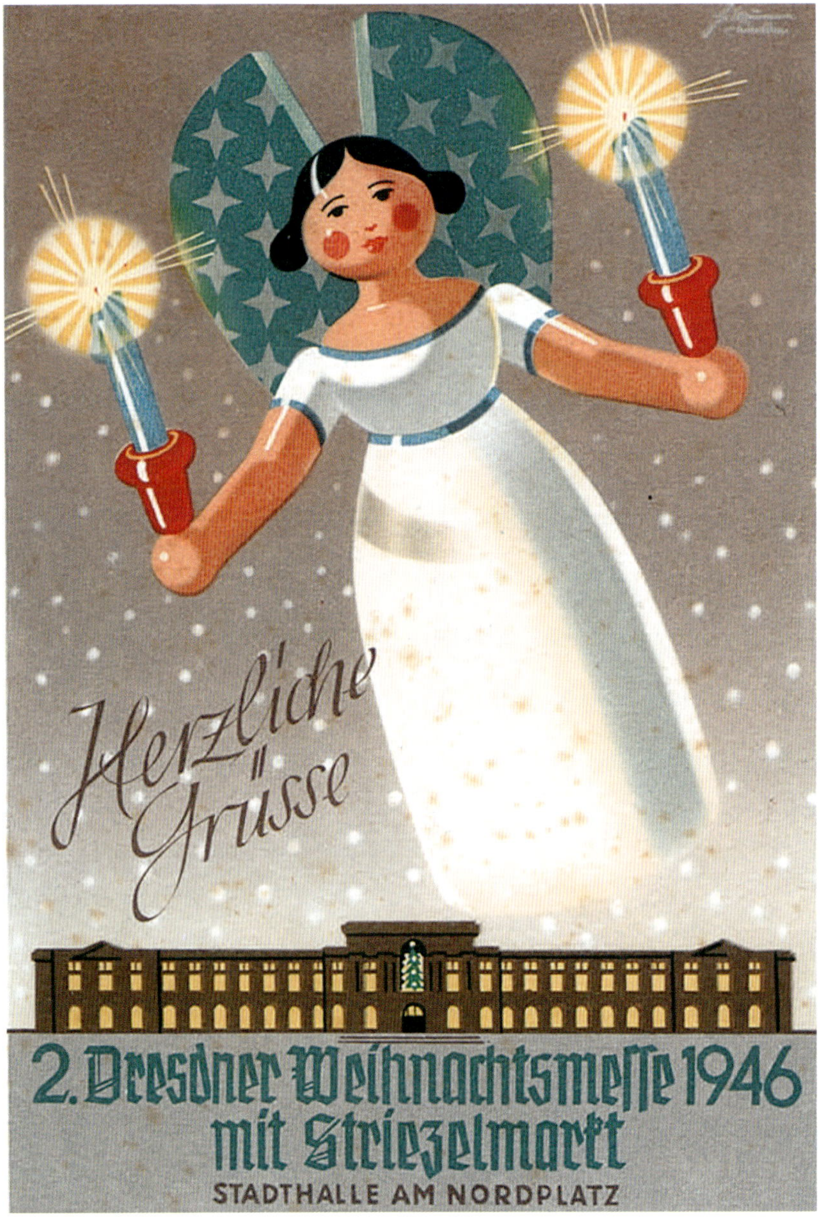

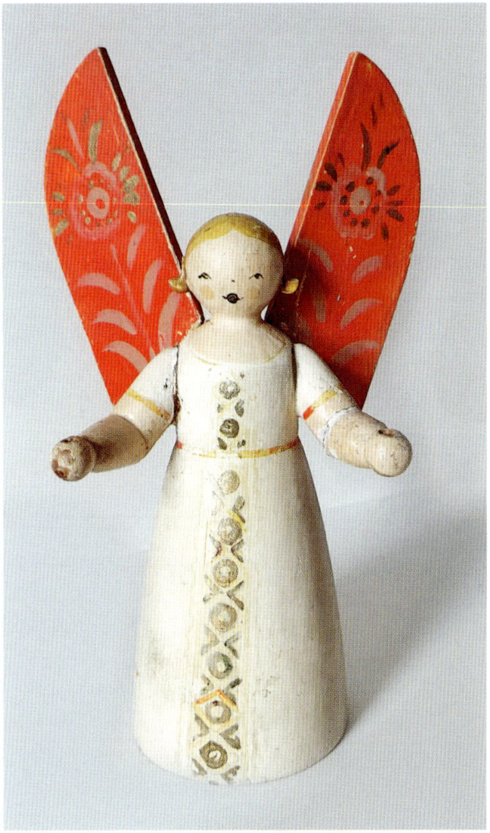

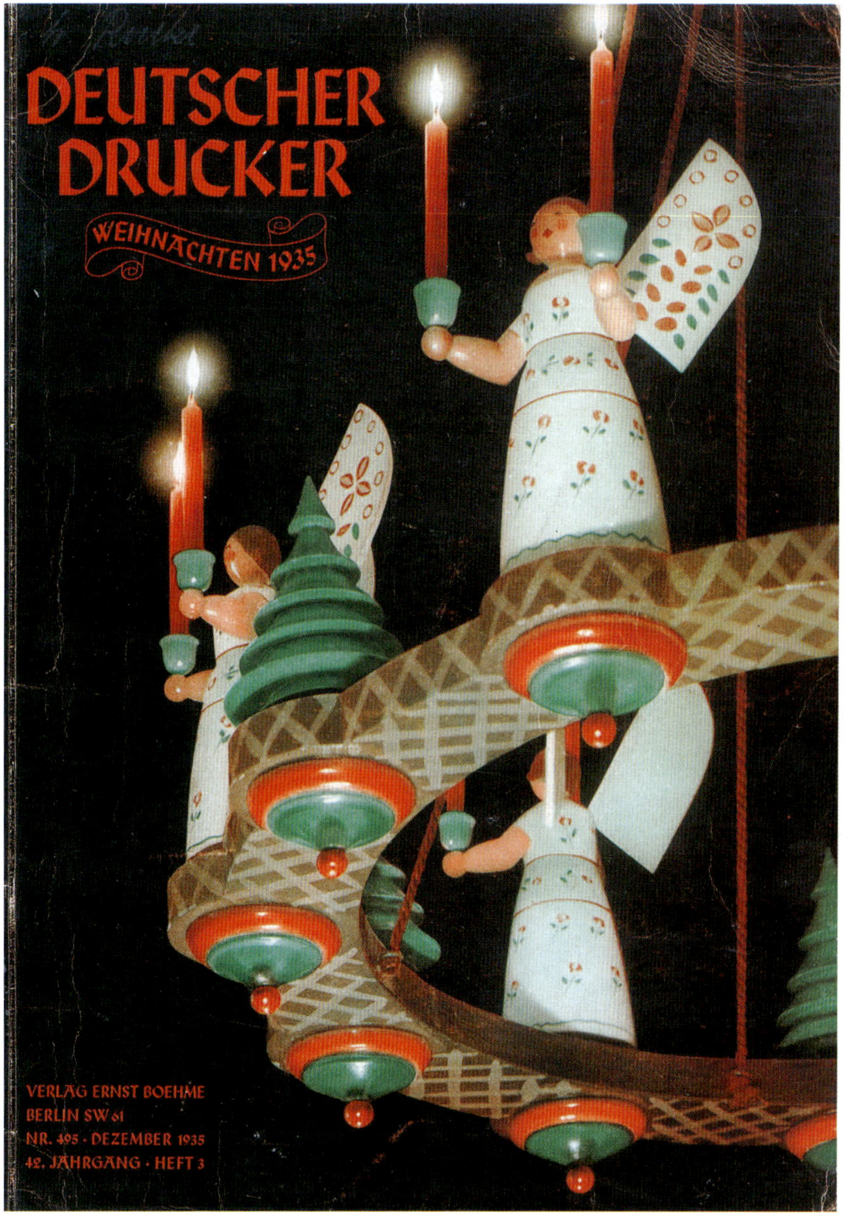

Die Bemalung der zunächst weißen Engel aus früher Produktion findet man in unterschiedlicher Form, auch die Flügelfarbe variiert.

Umschlaggestaltung zur Weihnachtsausgabe des „Deutscher Drucker" 1935, Gustav Petermann Druckerei GmbH, Hamburg.
Deckenleuchter mit Engeln, in dieser Bemalung abgebildet im Katalog von 1930.

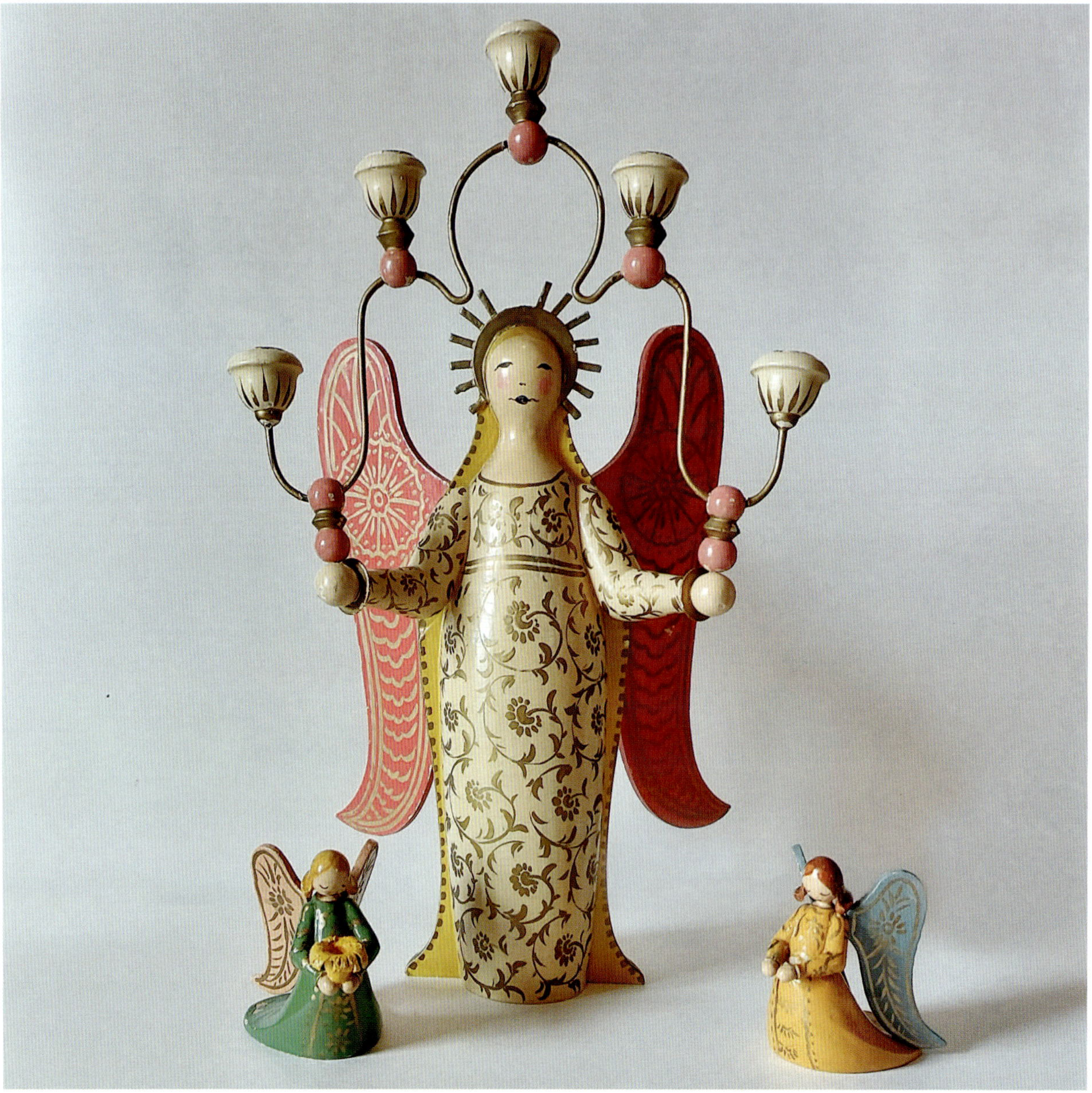

Engel mit Lichterbogen

Grete Wendt entwarf diesen Lichterengel bereits 1921. Er zeichnet sich durch seine ungewöhnliche Fertigung aus, der Korpus ist aus Vorder- und Rückseite zusammengesetzt. Bekannt sind Ausführungen mit einfacher und reicher Bemalung, sie wurden sowohl in unterschiedlichen Farbfassungen angeboten wie auch in drei Größen. Die vorliegende Figur in reicher Bemalung wurde vermutlich von Olly Sommer bemalt. Gemarkt ist sie mit einem Stempel „Germany". Dieser Engel gehört zu den rarsten Stücken aus der Fertigung von Wendt & Kühn, da er nach dem Zweiten Weltkrieg nicht mehr neu aufgelegt wurde.

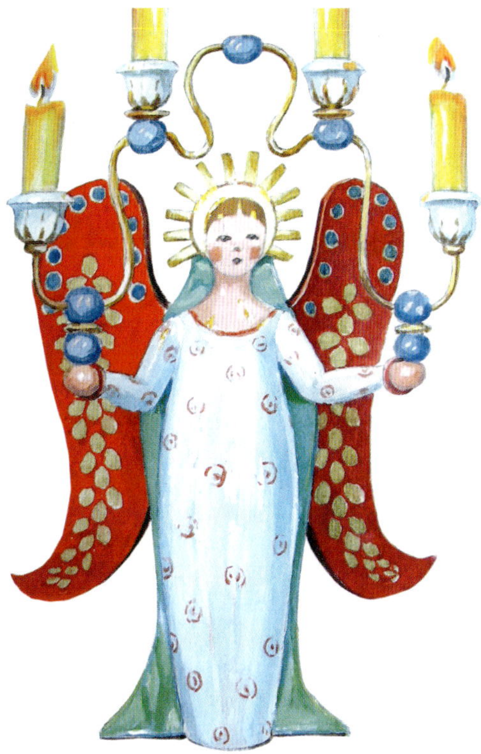

Gertrud Caspari (1873–1948), eine der bedeutendsten deutschen Kinderbuch-Illustratorinnen in der ersten Hälfte des 20. Jahrhunderts, war mit Grete Wendt befreundet und ließ sich von deren Figurenwelt für ihre Zeichnungen inspirieren. In ihrem letzten Werk, dem Bilderbuch „Lebendes Spielzeug", mit einem Text von Heinrich Meise, das 2009, erst 60 Jahre nach ihrem Tod, im Husum Verlag erschien, ließ sie neben den Blumenkindern, Knäuelfrau, Weihnachtsmann und verschiedenen kleinen Engeln auch diesen Engel von Grete Wendt agieren. Die Verbindung der beiden Künstlerinnen, die bereits lange vorher begann, hat sicherlich auch Grete Wendt für ihre Arbeit inspiriert.

Engel kniend

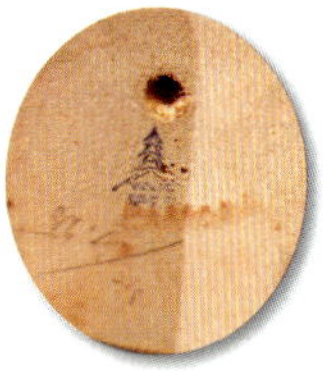

Grete Wendt entwarf den knienden Engel im Jahr 1920, erstmalig abgebildet wurde er im Katalog 1925/1926. Die Farbgebung des reich bemalten Gewands erfolgte in Gelb, Blau und Grün. Der Engel wurde in zwei Größen mit und ohne Lichtertülle in Form von einem gelben Blütenkelch angeboten. Die abgebildeten Figuren sind am Boden mit der frühesten Firmenmarke gestempelt. Auf alten Abbildungen flankieren je zwei der knienden Engel die reich bemalte Madonna oder den großen Leuchterengel mit Lichterbogen.

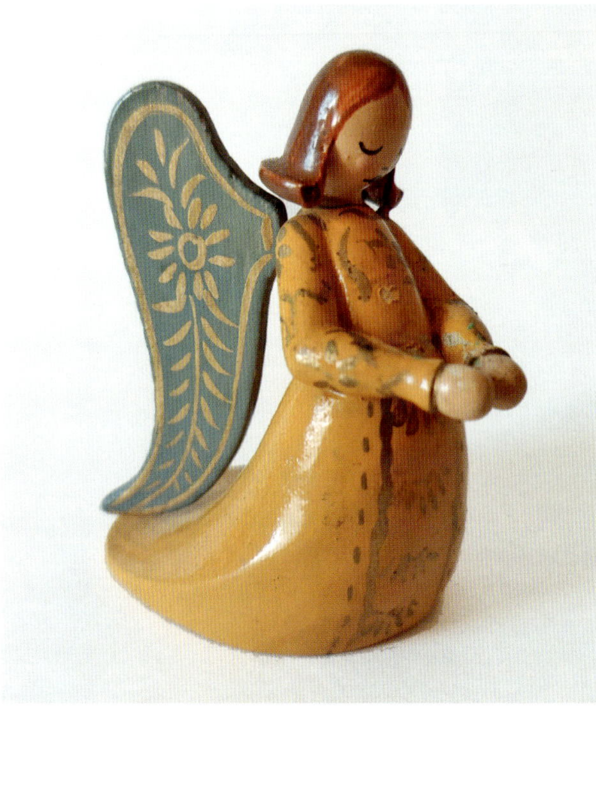

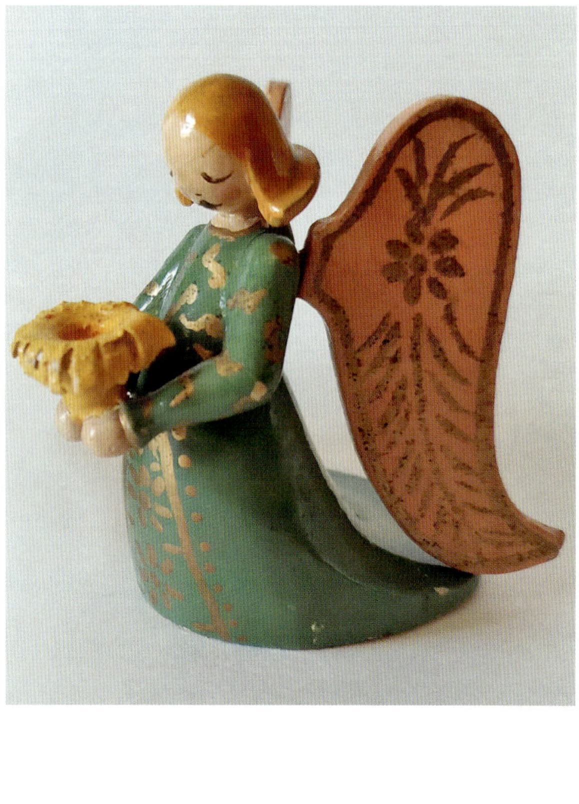

Der Lippersdorfer Engel

Diese Figur hat einen ungewöhnlichen Hintergrund, der Entwurf stammt nicht aus Grünhainichen, sondern entspricht den traditionellen erzgebirgischen Lichterengeln. Wie es in dieser Region üblich war, gab man gern ältere Stücke zur Farbauffrischung oder neueren Farbgestaltung bei einem Hersteller von Figuren ab. So kam dieser Engel um 1922 zu Wendt & Kühn zur Auffrischung seines Farbkleides. Olly Sommer war so angetan von der charakteristischen Form der großen Figur, dass sie den Engel nicht nur für den Kunden wiederhergestellt hat, sondern gleichzeitig eine Zeichnung für einen ähnlichen Engel anfertigte als Grundlage für die eigene Produktion. Ab 1929 wurde der Engel als „Alter Erzgebirgsengel" im Katalog angeboten. Die Bemalung gestaltete Olly Sommer in der ihr eigenen farbenfrohen reich floralen Art. Zunächst entstanden kleine Stückzahlen des Lichterträgers, die nur in dem Stammhaus und später auch im eigenen Geschäft in Seiffen angeboten wurden. Im Laufe der Zeit entstanden eine Reihe von ganz unterschiedlichen Farbfassungen. Einige dieser besonders bemalten Engel sind bis heute nur den eigenen Geschäften vorbehalten. Im Fachhandel werden aktuell eine rote und blaue, fein bemalte Variante des Lichterengels angeboten, jeweils für Kerzen oder mit elektrischer Beleuchtung.

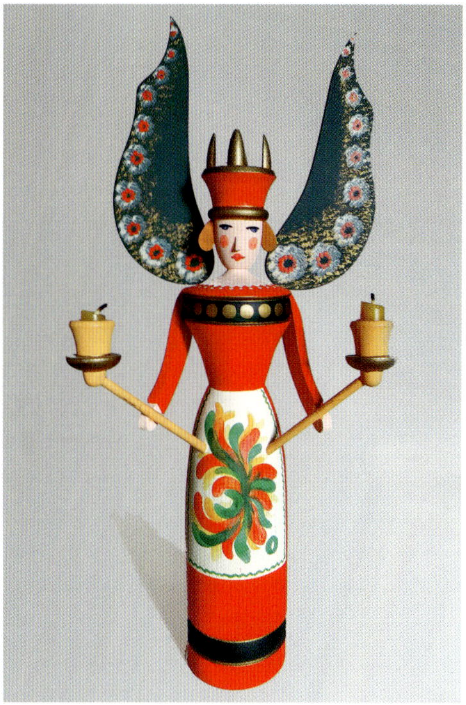

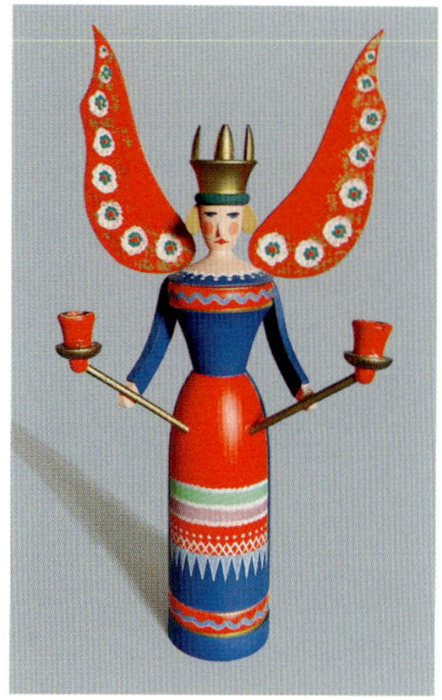

Die hier abgebildeten Engel tragen beide die Bodenmarke für Figuren aus der Herstellungszeit zwischen 1949 und 1972.

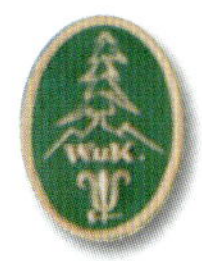

Elfpunkte-Engel

Elfpunkte-Engel-Orchester mit Madonna auf großer Wolke, alle Figuren tragen Bodenmarken aus der Produktion zwischen 1920 und 1930.

1923 entwarf Margarete Wendt als Weihnachtsgabe drei kleine Engel, ausgestattet mit einer Fackel, einer Geige und einer Flöte. Das Besondere an den Entwürfen war, dass nicht mehr steife Gliedmaßen verleimt wurden, sondern durch Schrägschnitte Arme und Beine jegliche Bewegung einnehmen konnten. Das war die Voraussetzung für das Halten von Instrumenten. Die reizvollen Engelfiguren kamen so gut an, dass sie seit 1925 auch im Katalog angeboten wurden. Als im Jahr 1925 Markenschutz unter dem Begriff „Grünhainicher Engel" eingetragen wurde, wird man kaum haben ahnen können, dass diese kleinen Engel, die heute auch unter dem Namen Elfpunkte-Engel bekannt sind, in ihren verschiedenen Formen den wichtigsten Teil der Produktion ausmachen würden. Schon vor dem Zweiten Weltkrieg wurden die Engel zum internationalen Verkaufserfolg. Ein Weihnachtsgruß des bekannten New Yorker Kauf- und Warenhauses Macy's aus dem Jahr 1949 zeigt, dass die Liebe zu den Figuren aus Deutschland auch durch den Krieg nicht gebrochen werden konnte. Allerdings war dieser Erfolg auch der Grund, warum es immer schwerer wurde, in Grünhainichen selbst an

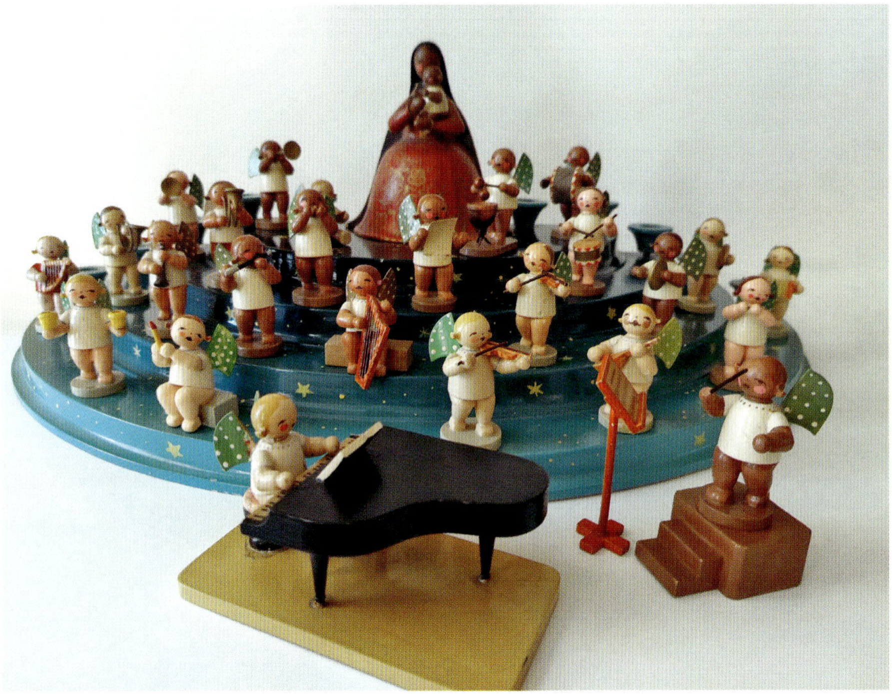

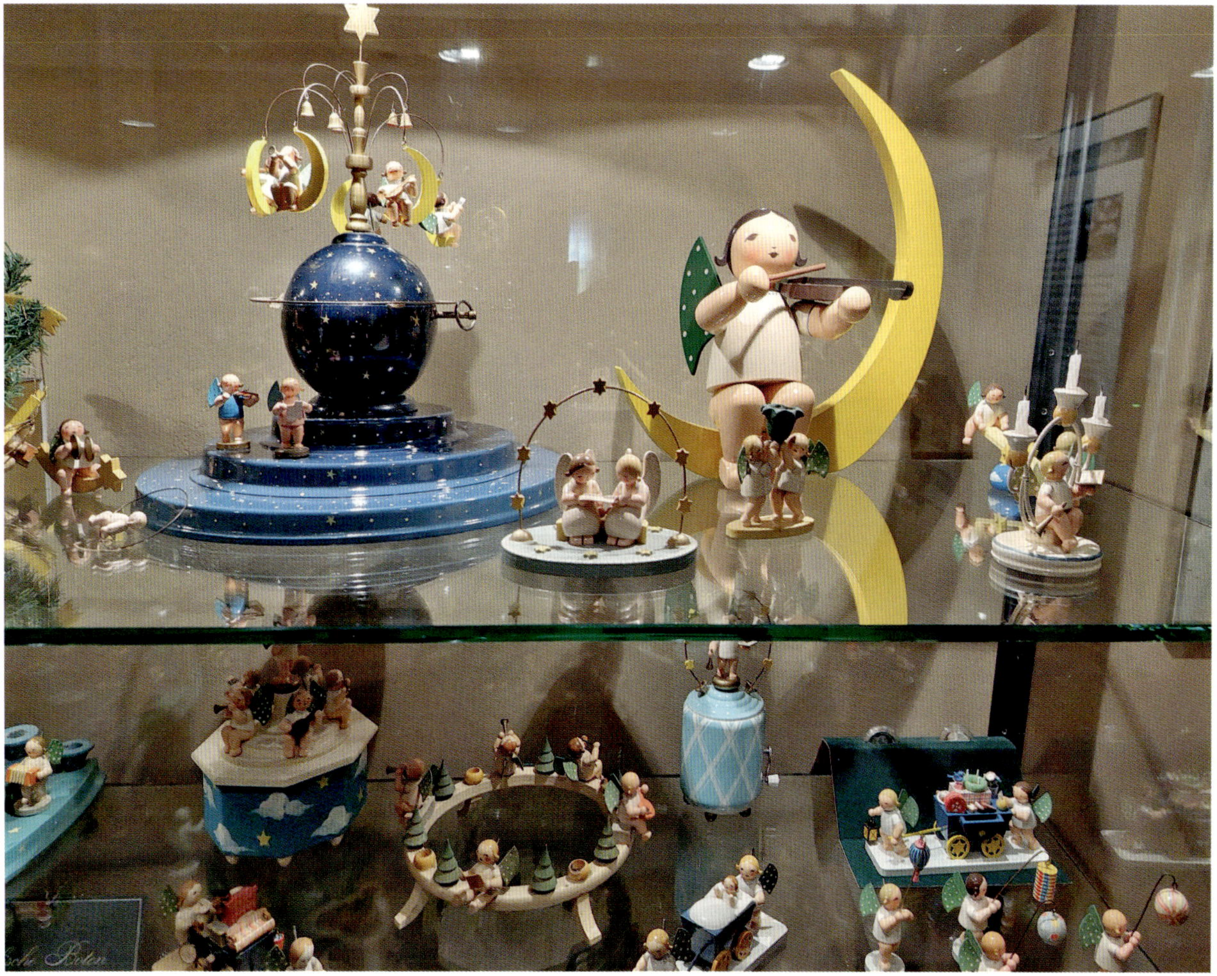

Blick in eine Ausstellungsvitrine

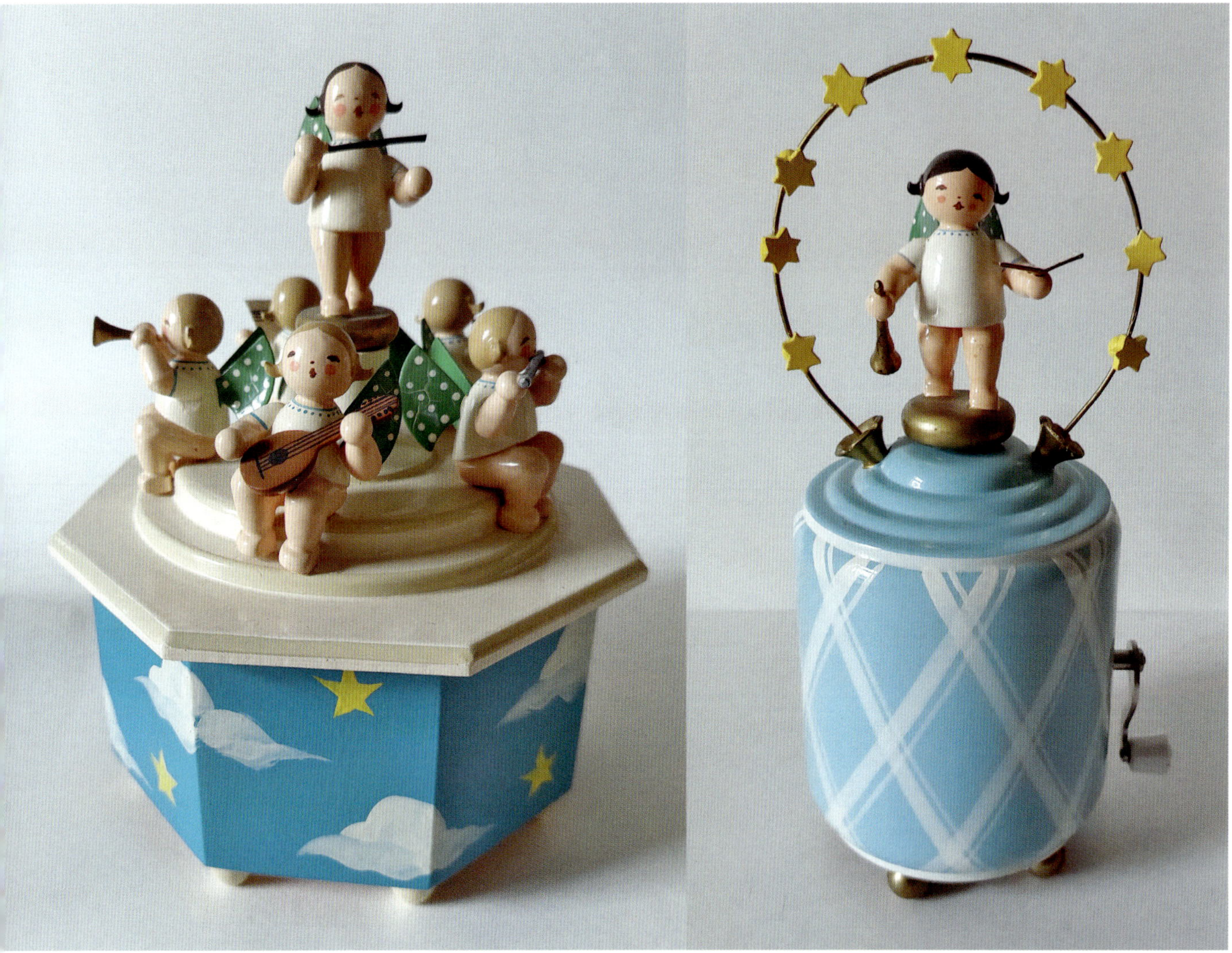

Die beiden Spieluhren mit sich drehenden Engeln wurden von Grete Wendt entworfen. Die Spieluhr mit dem Engel im Bogen wurde bereits 1930 in zwei Varianten angeboten: Engel mit Geige sowie mit Liederbuch und Flöte, beide ohne Sternenbogen. Diese hier abgebildete Spieluhr mit Handkurbel stammt aus der Produktion um 1996.

diese Engel zu gelangen. Die Figuren von Wendt & Kühn wurden zum Devisenbringer und gingen zum größten Teil in den Export. Von vielen Herstellern unterschiedlich kopiert, bleiben die Figuren bis heute nicht nur der Prototyp der kleinen Engel, sondern mit ihrer rundum ausgewogenen Gestalt und ihren liebevoll bemalten Gesichtern tragen sie bis heute die unverkennbare Handschrift ihrer Gestalterin.

In den vergangenen hundert Jahren ist das Orchester auf 80 Musiker angewachsen. Kam in den vergangenen Jahren jeweils ein neuer Musiker auf den Markt, im Jahr 2022 war es der Engel mit dem Alphorn, so gibt es im Jubiläumsjahr keinen Musikanten, sondern den Elfpunkte-Geburtstagsengel 2023 mit Staffelei, der ausschließlich in diesem Jahr gefertigt wird. Für jeden Sammler, ob mit 8 oder 80 Engeln, gibt es das richtige Podest, das natürlich passend zu den himmlischen Wesen Wolke genannt wird. Für viele Sammler gehört klassisch die Maria mit dem Christkind auf dem Arm ganz oben auf das Podest, andere platzieren die Orgel mit dem Organisten in die Mitte. Für alle Engelliebhaber, die ihre Musiker auf der bisherigen Wolke nicht mehr unterbringen können, gibt es mittlerweile auch viertelkreisförmige Anbauten.

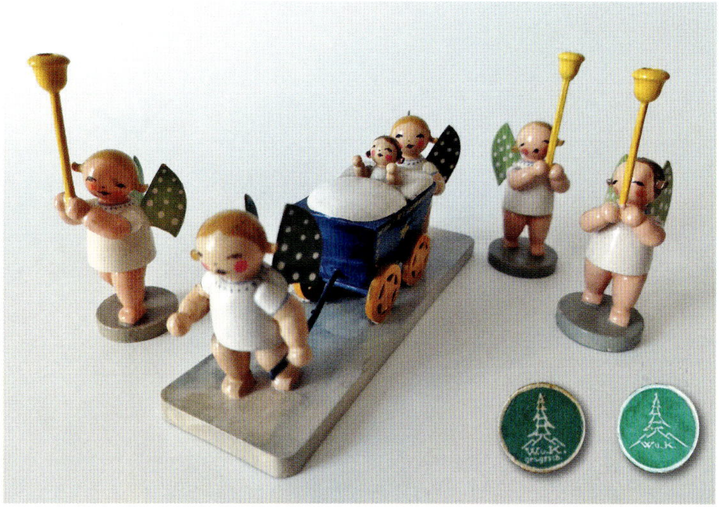

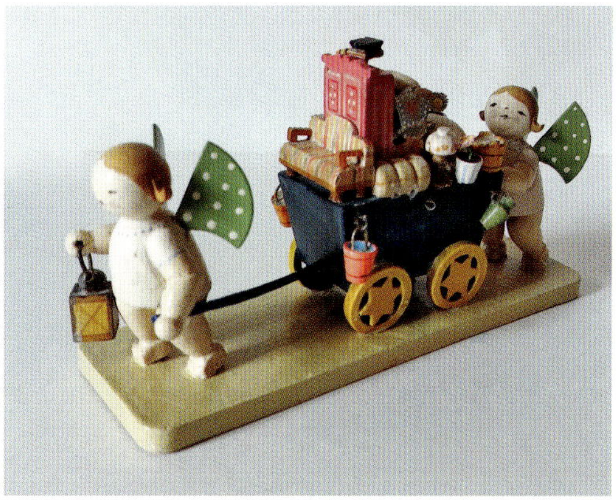

Der Engelwagen mit Kind, hier aus der Zeit um 1930, wurde zwischen 2010 und 2016 wieder angeboten. Der Umzugswagen, hier ebenso aus der Fertigung um 1930, wurde 2015 in einer limitierten Variante neu aufgelegt.

Diese eignen sich auch für die vielen Engel, die kein Instrument zu spielen gelernt haben, sondern sich aufs Singen oder Zuschauen beschränken oder mit den unterschiedlichsten Gaben unterwegs sind. Unterhalb von der Wolke ist Platz für die noch recht verspielten En-

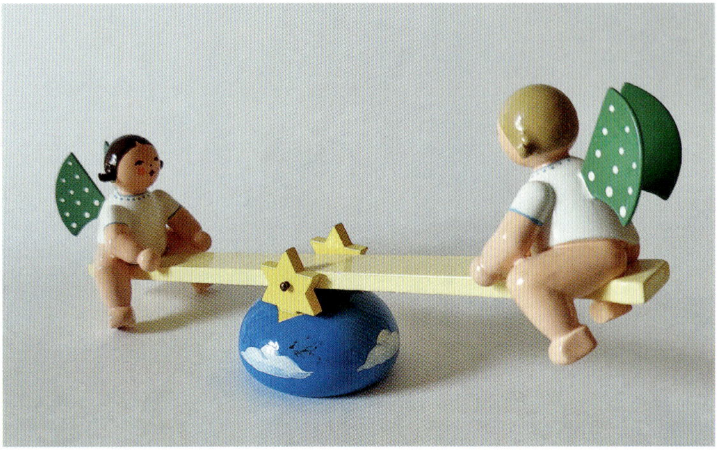

Engelwippe aus der Produktion um 2005

gel, die Kindern gleich lieber im Schnee mit Schlitten oder Skiern unterwegs sind oder im Sommer das Fliegen auf der Wippe üben. Die sonst so unermüdlich fleißigen Engelsmusikanten ganz selbstvergessen auf einer Wippe, das ist ein Entwurf aus dem Jahr 1937, vermutlich von Grete Wendt. Man spürt, dass die Künstlerin ihre himmlischen Figuren immer mit einer Portion irdischer Attribute ausstattete. Der liebevolle Entwurf, der nicht nur von Kindern begeistert aufgenommen wurde, wurde in den Jahren 1999 bis 2009 erneut ins Angebot aufgenommen. Grete Wendt hatte, auch ohne eigene Kinder, bei all ihren Entwürfen immer die Kinder der dörflichen Umgebung vor Augen und konnte so, wenn auch aus Holz gefertigt, lebendige und eben nicht hölzern wirkende Figuren schaffen.

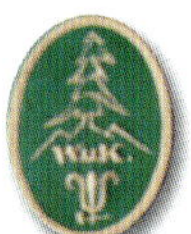

Engel mit Blume aus der Zeit zwischen 1949 und 1972

Zwei Engel mit Blume

Dieser Entwurf von Grete Wendt stammt aus den Jahren 1925/1926. Auf mehreren Leuchtern wurden die bekannten Engel in etwas größerem Format und mit untypischer Bemalung umgesetzt. Im Katalog von 1930 sind diese Engel auch als Doppelfigur im Angebot. Statt mit Lichtnapf wurden die beiden Engel auch mit einem Tannenbaum oder Stern angeboten, jeweils mit Haltern für drei echte Kerzen. Die Engelgruppe mit Tannenbaum wurde im Herbst 2010 wieder ins Programm aufgenommen. Zur Zeit ruht aber die Produktion dieser Engelausführung.

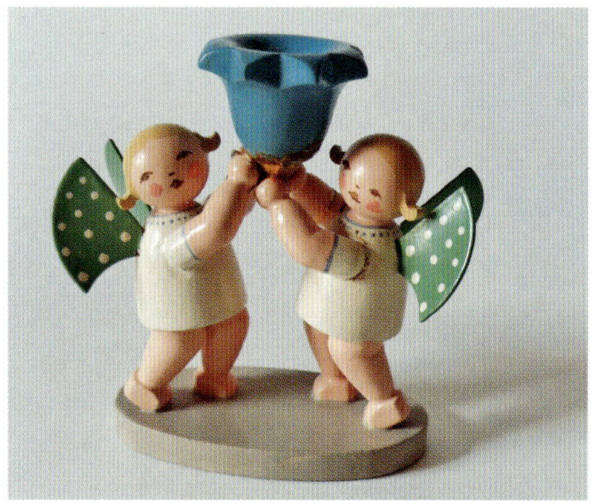

Engelszug mit Weihnachtsbaum

Diese Spieluhr mit ihren außergewöhnlich bemalten Elfpunkte-Engeln geht auf einen Kundenwunsch aus Skandinavien zurück. Die roten Flügel mit goldenen Punkten zu weißem Gewand entsprechen den dänischen Landesfarben und sind nicht nur dort beliebt. Die besonders große Spieluhr mit ihrem achteckigen Körper wurde nach einem Entwurf aus dem Jahr 1954 gefertigt und lässt sich im Katalog von 1959 finden. Im Firmenangebot war sie letztmalig 2000/2001 zu finden.

Die vorliegende Spieluhr spielt die Melodie von „O du fröhliche".

Für die Firma Karstadt Warenhaus GmbH in Essen wurde die Spieluhr im Großformat noch um Schafe ergänzt, die mit den Engeln zur Musik im Kreis laufen (s. Seite 14).

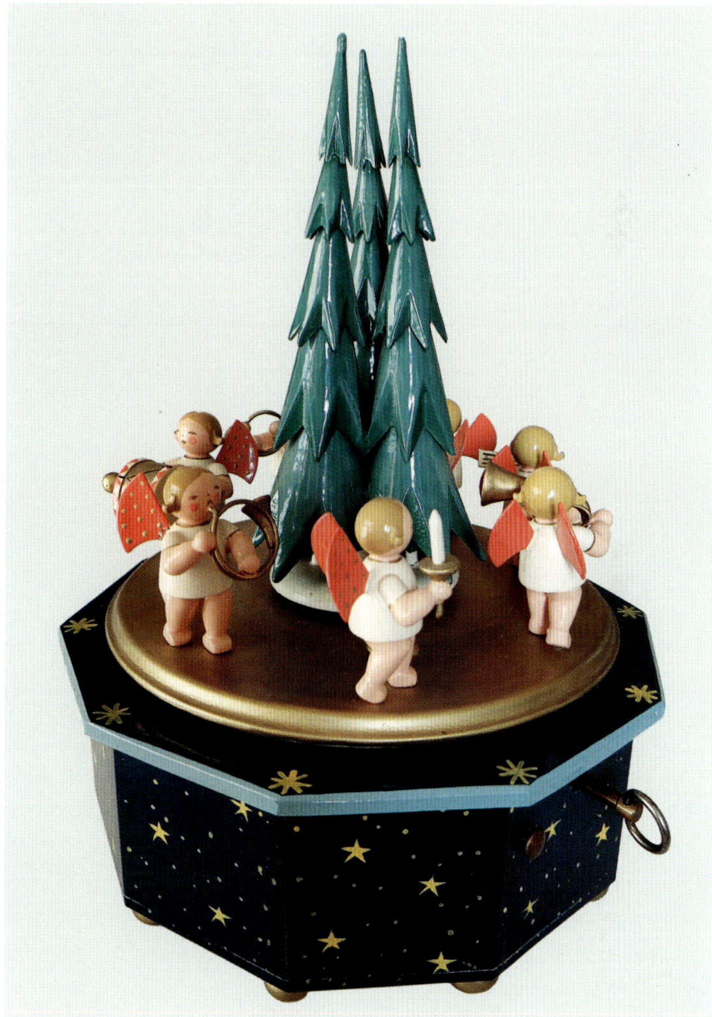

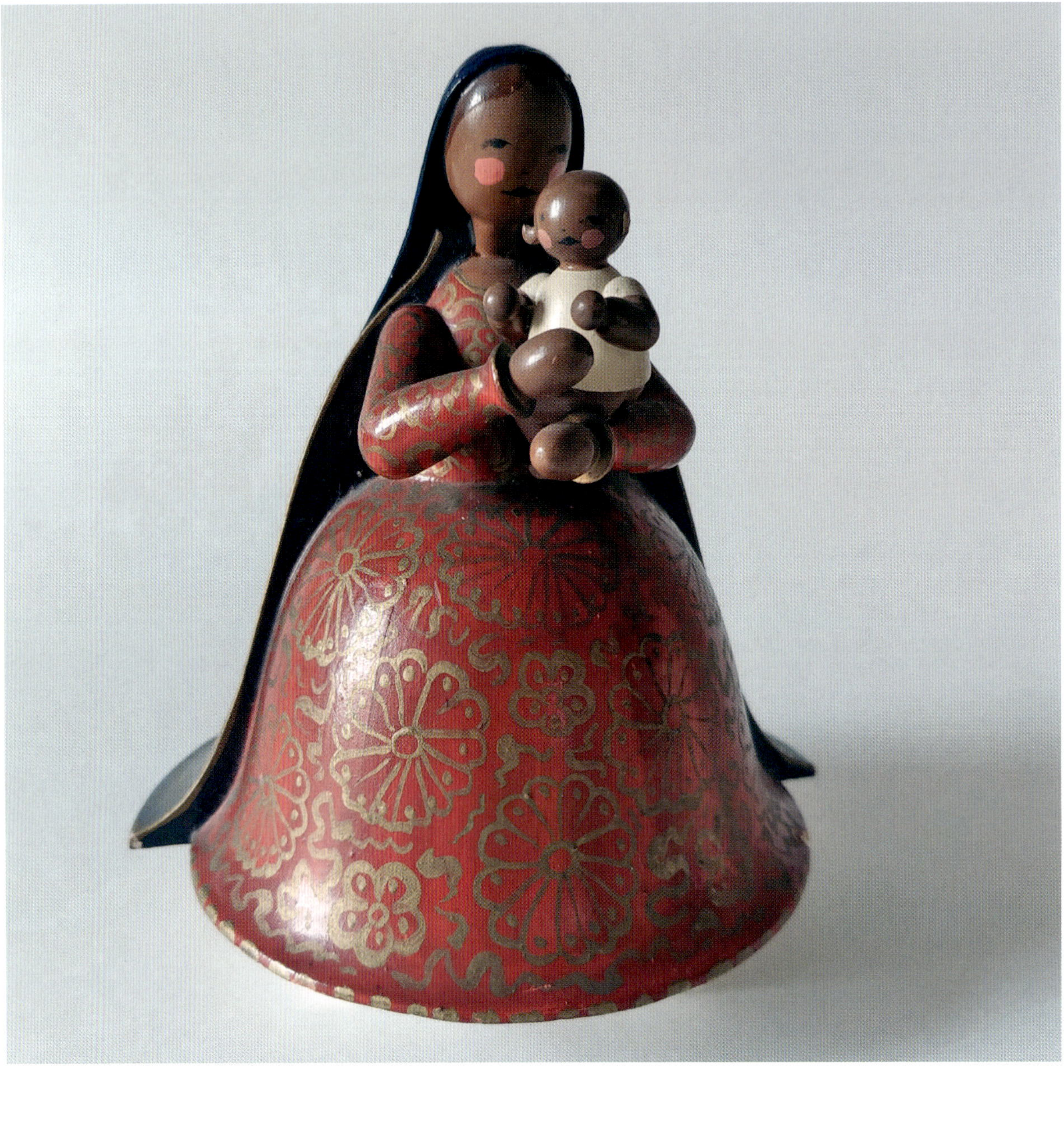

Madonna

Die Madonna mit Kind wurde von Grete Wendt zunächst als sitzende Figur entworfen. Bereits vor 1925/26 entstand der Entwurf für die stehende Figur. Ob als Solitärfigur oder auf dem Engelberg stehend, gehört die strahlende Erscheinung in einfacher oder reicher Bemalung bis heute zu den gelungensten Weihnachtsfiguren von Grete Wendt.
Die Madonna auf dem sechsstufigen Engelberg, umgeben von 36 Elfpunkte-Engeln, wurde auf der Pariser Weltausstellung von 1937 mit einem GRAND PRIX und einer Goldmedaille ausgezeichnet.

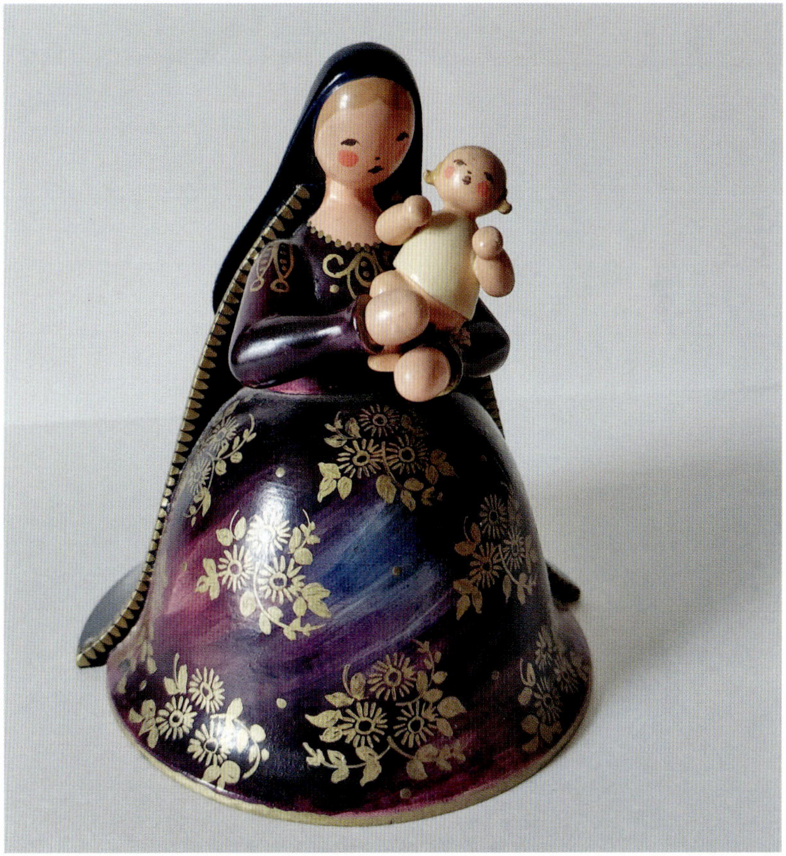

Diese Madonna trägt die Bodenmarken aus der Produktion vor 1949 bis 1972 und gleichzeitig die „expertic"-Marke für Produktion ab 1968.

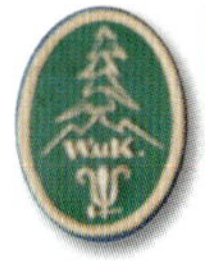

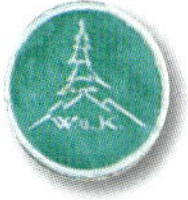

Diese reich bemalte Madonna stammt aus der Produktion um 1930.

Weihnachtsmänner

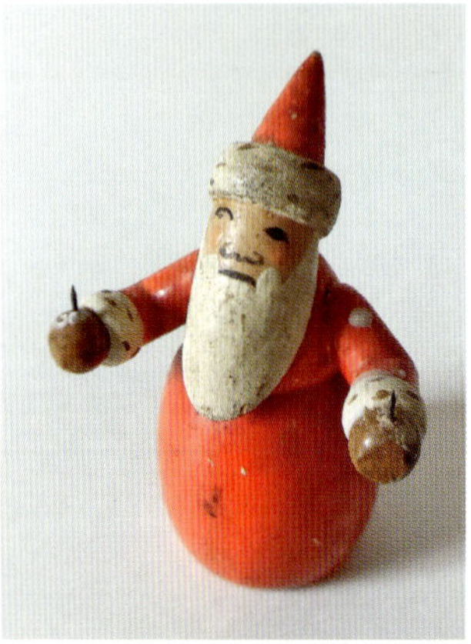

Erste Weihnachtsmänner nach den Entwürfen von Grete Wendt stammen bereits aus der Zeit um 1920. Ein solches Exemplar als Kerzenträger ist in der Sammlung des Weihnachtshauses erhalten, er trägt noch den einfachen Stempel mit der Baumsilhouette unter dem Sockel. Allerdings hat der Weihnachtsmann im Laufe der Jahre seine Kerzenhalter eingebüßt. Eine besonders eindrucksvolle Figur, auf Brettchen gearbeitet, stellt den schwer beladenen Weihnachtsmann dar, wie er einen Schlitten mit dem Christkind hinter sich herzieht. Das Christkind trägt einen Heiligenschein, dessen Glanz wird zusätzlich durch einen mit fünf hölzernen Kerzen geschmückten Bügel hinter seinem Rücken betont. In der historischen Katalogabbildung wird durch die umstehenden Tannen der dunkle Wald angedeutet.

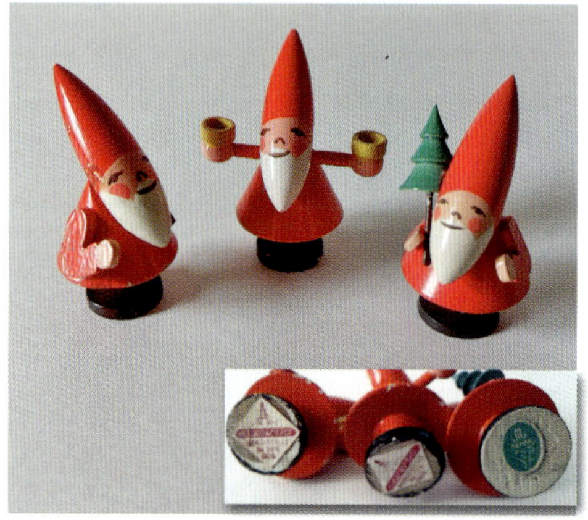

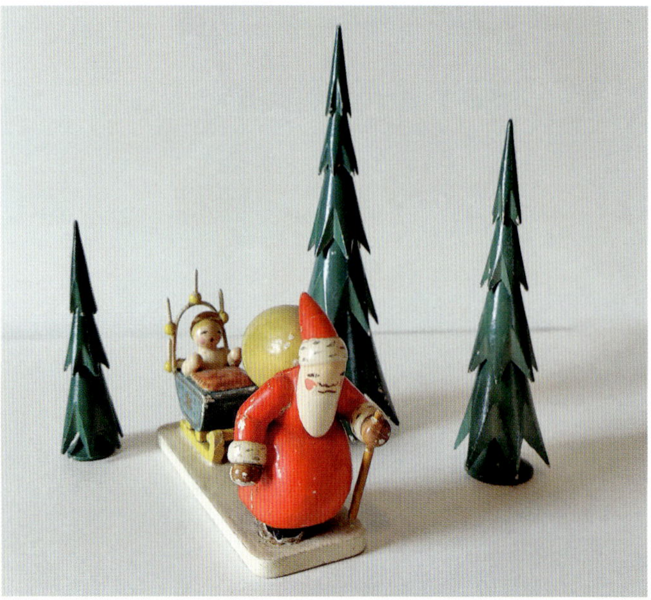

Auch dieser Entwurf aus dem Jahr 1937 stammt vermutlich von Grete Wendt. Es ist eine Kombination von der bereits 1924 entwickelten Weihnachtsmannfigur und dem Christkind, das für die Spieldose „Weihnachtszug" entworfen wurde, die zwischen

1932 und 1935 auf den Markt kam. Letztmalig angeboten wurde die Schlittenfigur im Jahr 2007.
Viele Weihnachtsmänner sollten folgen: mal schlicht im roten Gewand als Kerzenträger, mit einem Baum oder schwer beladen in gebückter Haltung auf dem Weg zur Bescherung. Die größeren Figuren tragen bis heute eine mit Pelz verbrämte Mütze. Aktuell werden sechs verschiedene Weihnachtsmänner angeboten. Der prächtigste trägt einen großen, mit erzgebirgischem Spielzeug gefüllten Sack auf dem Rücken, wobei die Spielfiguren, eingebunden in ein Band, hervorgeholt werden können. Ein Weihnachtsmann mit kleinem Engel an der Hand wird bereits in zwei Versionen im Katalog von 1930 angeboten. Der Weihnachtsmann trägt jeweils einen kleinen Tannenbaum, einmal in gebückter Haltung, da er auf dem Rücken einen schweren Sack trägt. Beim kleinen Engel an seiner Seite handelte es sich zunächst um einen Elfpunkte-Engel. Jahre später wird der Weihnachtsmann von einem kleinen Margeritenengel begleitet. Die Doppelfigur auf Brettchen besteht aus je einer Figur von Grete Wendt und Olly Sommer, verheiratete Wendt.

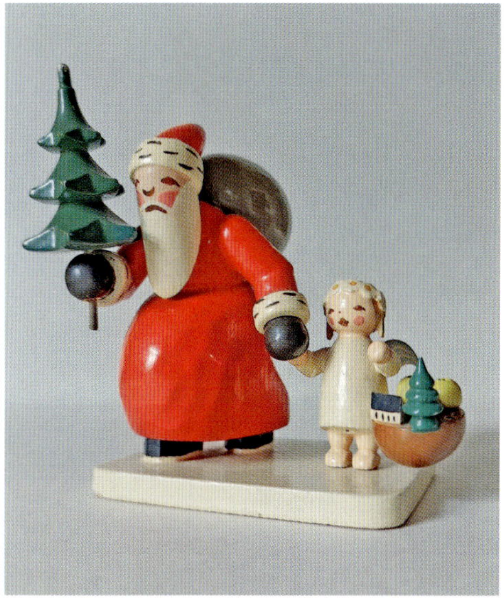

Weihnachtsmann scheitend mit Engel, die Doppelfigur zeigt je eine Figur von Grete Wendt und Olly Wendt, hier aus der Produktionszeit ab 1973.

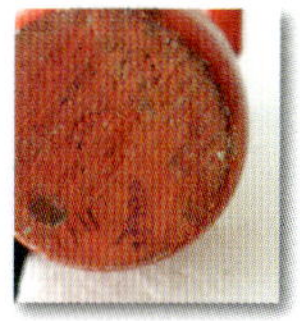

Linke Seite: Bodenstempel des Weihnachtsmannes

Weihnachtswichtel aus der Zeit um 1972

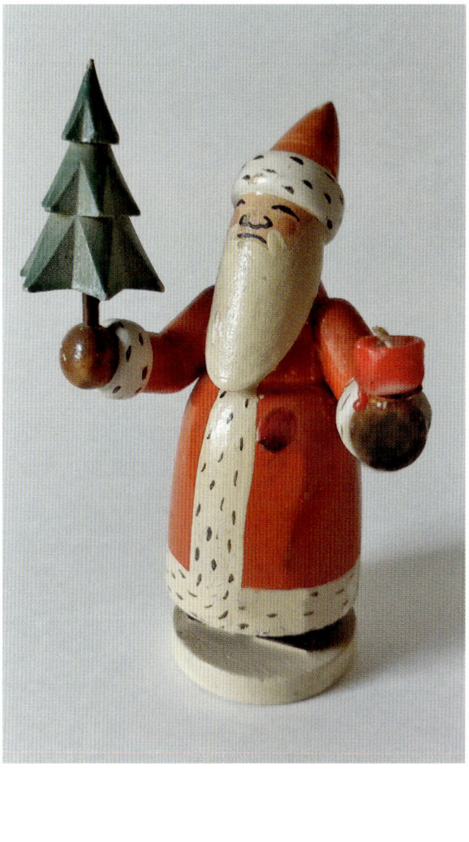

Weihnachtsmann mit Baum. Entwurf von Grete Wendt, letztmalig im lieferbaren Programm bis 2007

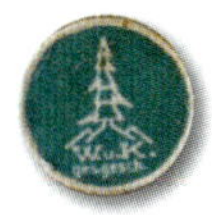

Die Spieldose mit Weihnachtszug basiert auf einem Entwurf von Grete Wendt aus dem Jahr 1932. Passend dazu der vollständige Satz der Weihnachtsengel. Der Engel mit Lichterbogen fehlt auf der Spieluhr.

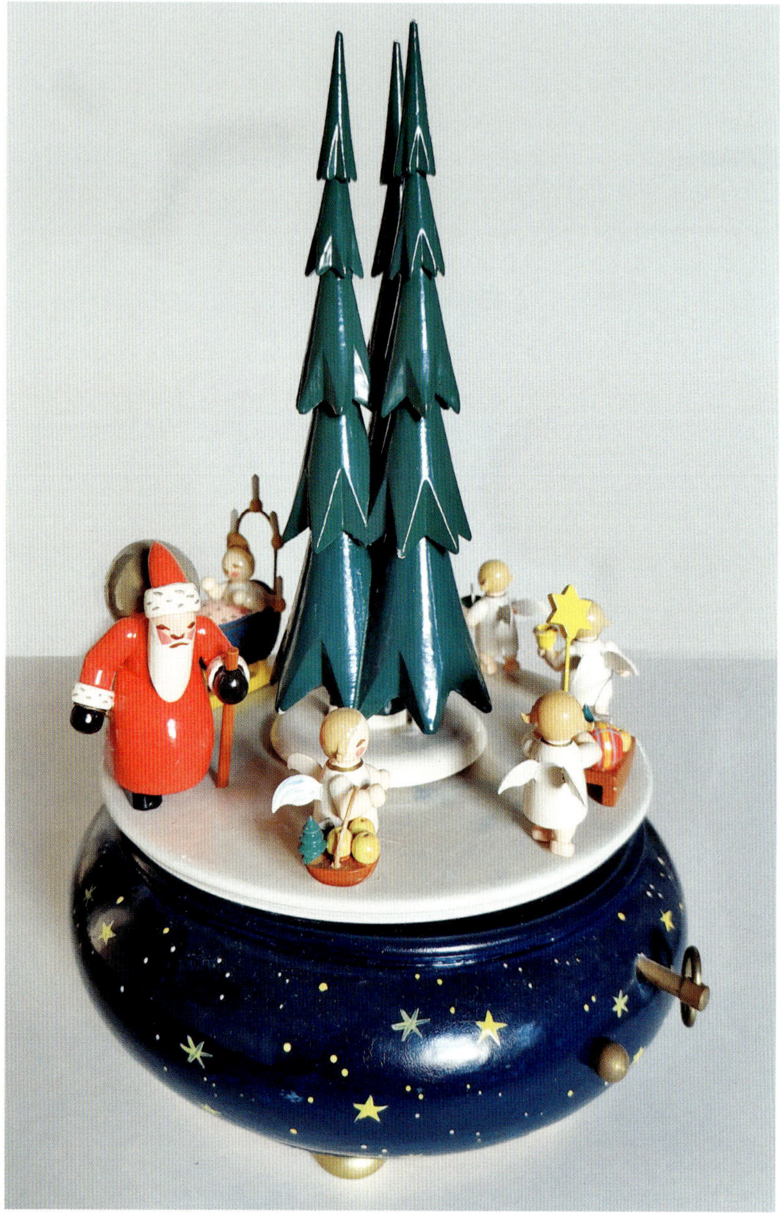

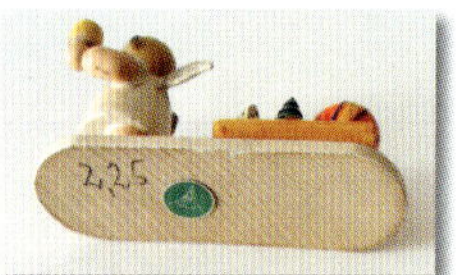

Weihnachtsengel, Satz von sechs Figuren

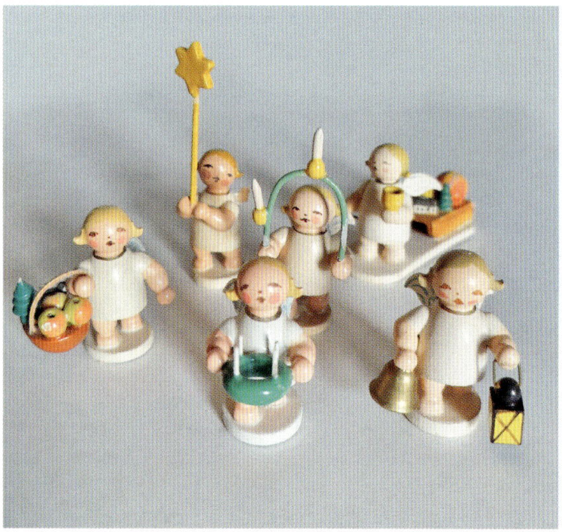

Blumenkinder und Freunde

Die Beerensammler

Die Beerenkinder gehören zu den Entwürfen aus der Zeit vor der Firmengründung, sie wurden für einen Wettbewerb entworfen, der 1913 vom Landesverein Sächsischer Heimatschutz ausgeschrieben wurde auf der Suche nach einem „Guten Reiseandenken". Grete Wendt gewann mit den drei Figuren, die verkaufswirksam in einer kunstvoll beschrifteten Spanschachtel verpackt waren, den zweiten Preis. Die Kindergruppe, mit ihren Körben und Pflückkrügen schwer beladen, stellte dabei eine typische Alltagsszene der Kinder im Erzgebirge dar: Wenn im Wald die Heidelbeeren reif wurden, war es die mühsame und ganze Nachmittage füllende Aufgabe der Kinder, den Vorrat an Beeren für den Winter zu sammeln und diesen vorsichtig nach Hause zu tragen. Da wundert es nicht, dass die Gesichtszüge der historischen Figuren deutlich ernster angelegt waren: Augen und Münder waren vor Anstrengung zusammengekniffen. Die Beerensammler waren es wohl auch, die den ersten Messeauftritt in Leipzig 1916 zu einem Erfolg werden ließen.

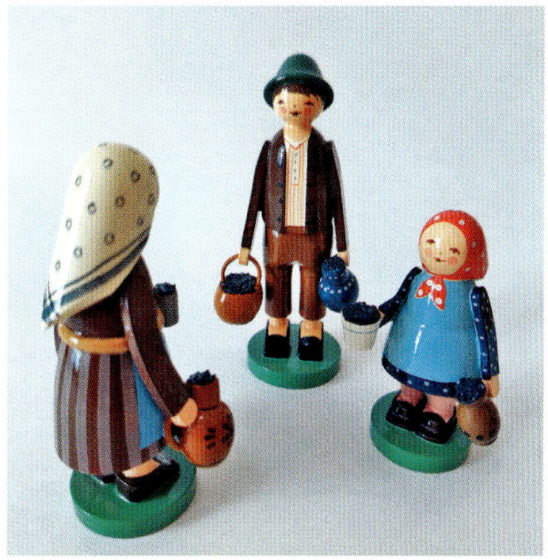

Die Beerensammler aus aktueller Produktion.

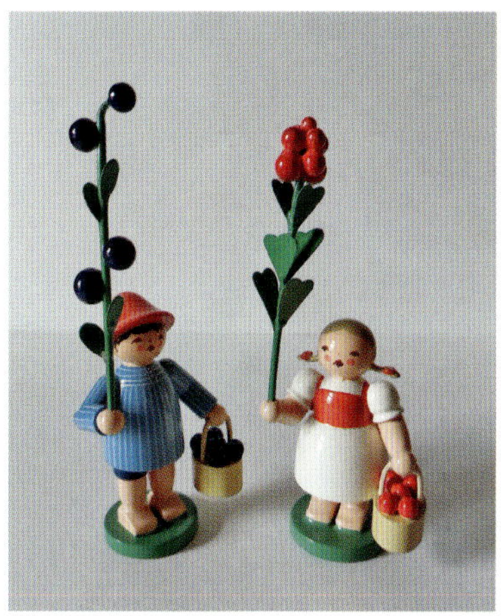

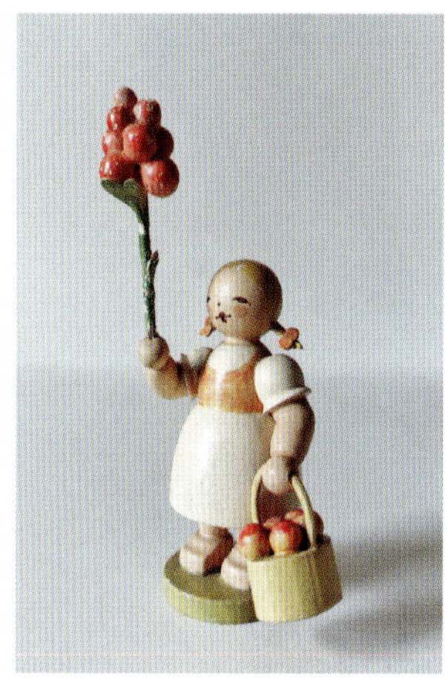

Das später entstandene Paar mit Blaubeer- und Preiselbeerzweig ist schon etwas städtischer gekleidet. Rechts im Vergleich eine alte Figur aus der Produktionszeit um1930.

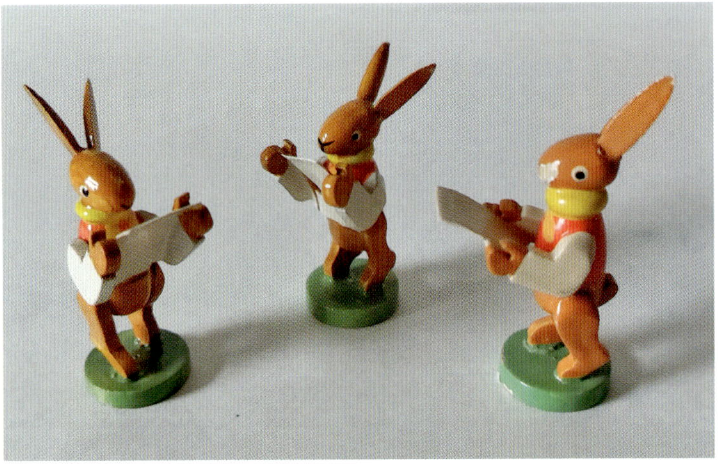

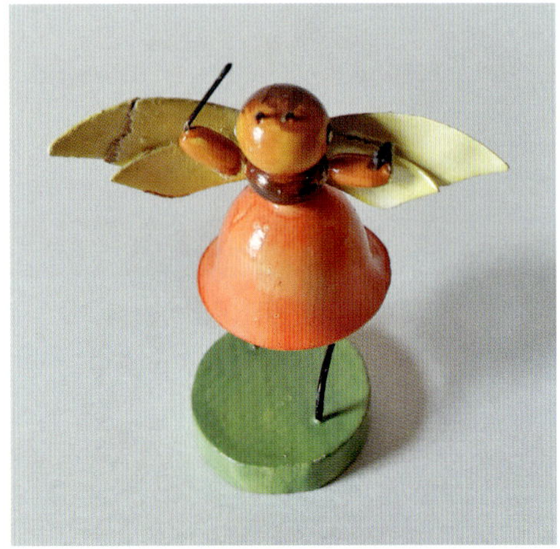

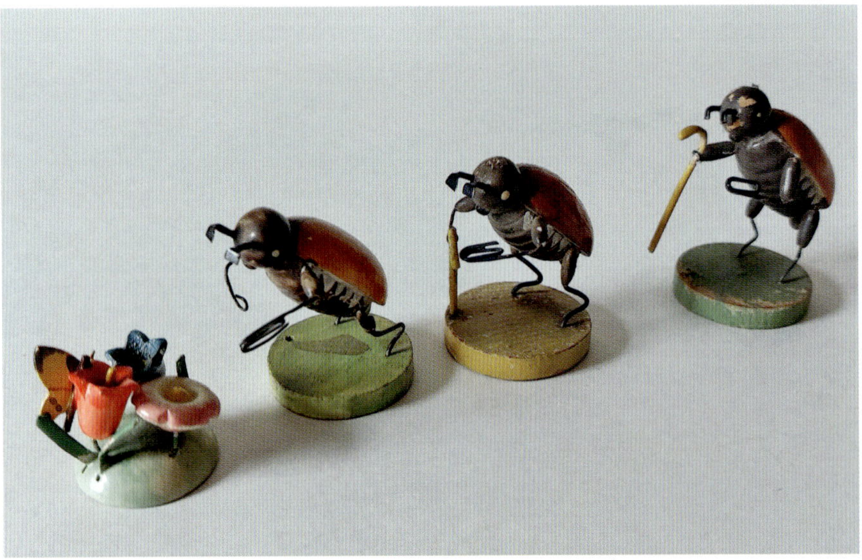

Wie die Bezeichnung in den Firmenkatalogen zeigt, werden bis heute alle Kindergruppen wie Osterfiguren, Heinzelmännchen, Blumenkinder oder Tierfiguren unter dem Oberbegriff „Blumenkinder und Freunde" zusammengefasst. Viele dieser Figuren lassen sich natürlich auch ganz individuell sammeln und zusammenstellen.
Einige der hier gezeigten Figuren sind zurzeit nicht im Angebot von Wendt & Kühn. Dazu gehört ein Teil der Schulkinder, die Erntekinder und die Musikantenkinder ebenso wie die kleinen Gärtner oder Bäcker. Viele Figurensätze pausieren für einige Jahre und werden hoffentlich irgendwann wieder in die Produktion genommen. Manche Figuren dagegen, deren Ausstattung der Vergangenheit angehört und daher für jüngere Sammler nicht zu deuten ist, wie zum Beispiel die Schulkinder mit ihren Tafeln und dem angehängten kleinen Schwamm, werden in der Zukunft vermutlich zum Schatz der nicht wieder aufgelegten Figuren gehören.

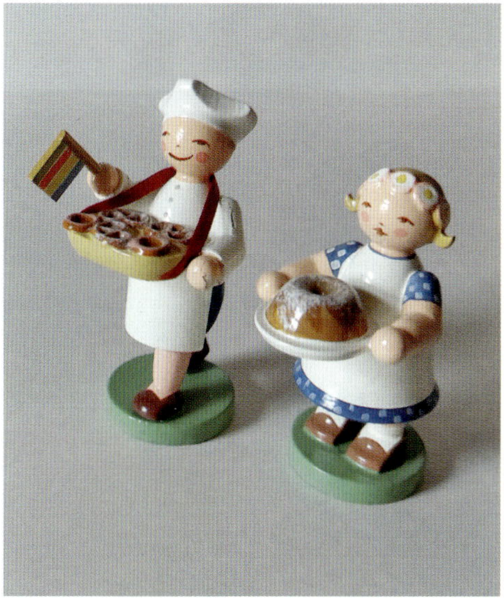

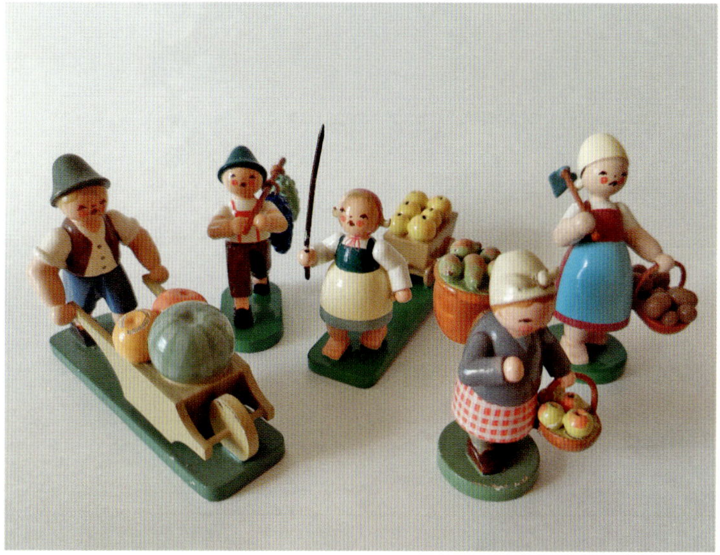

Figuren aus der Gruppe der Erntekinder aus der Produktion bis 2008, unten Figuren aus der Zeit vor 1930

Erntekinder

Die Figurengruppe der Erntekinder gehört ebenso zu den frühen Entwürfen von Grete Wendt, sie entstand bereits 1927. Wenn man an die sächsischen Weinhänge denkt, durfte neben Gemüse, wie Kürbissen und Möhren, und Obst, wie Äpfeln und Birnen, ein Erntekind mit Trauben nicht fehlen. Zur Gruppe gehört noch eine Figur mit einer Schale voll Blumen. Das Mädchen mit Hacke und Kartoffelkorb, Teil des Gärtnerpaares, hat sich hier dem Erntezug angeschlossen.
Auch diese Gruppe ist seit 2008 nicht mehr im Angebot von Wendt & Kühn.

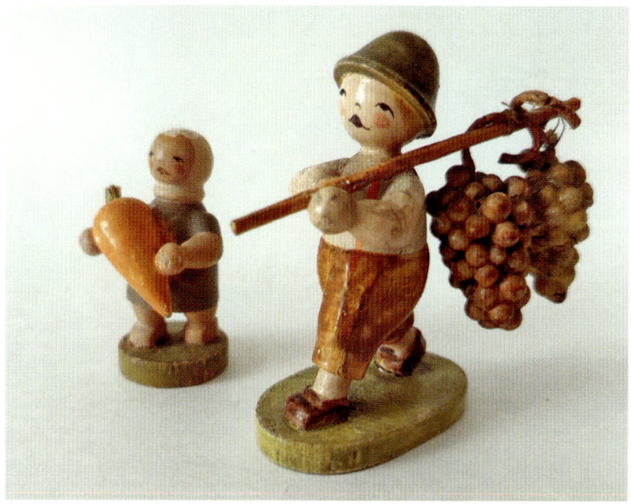

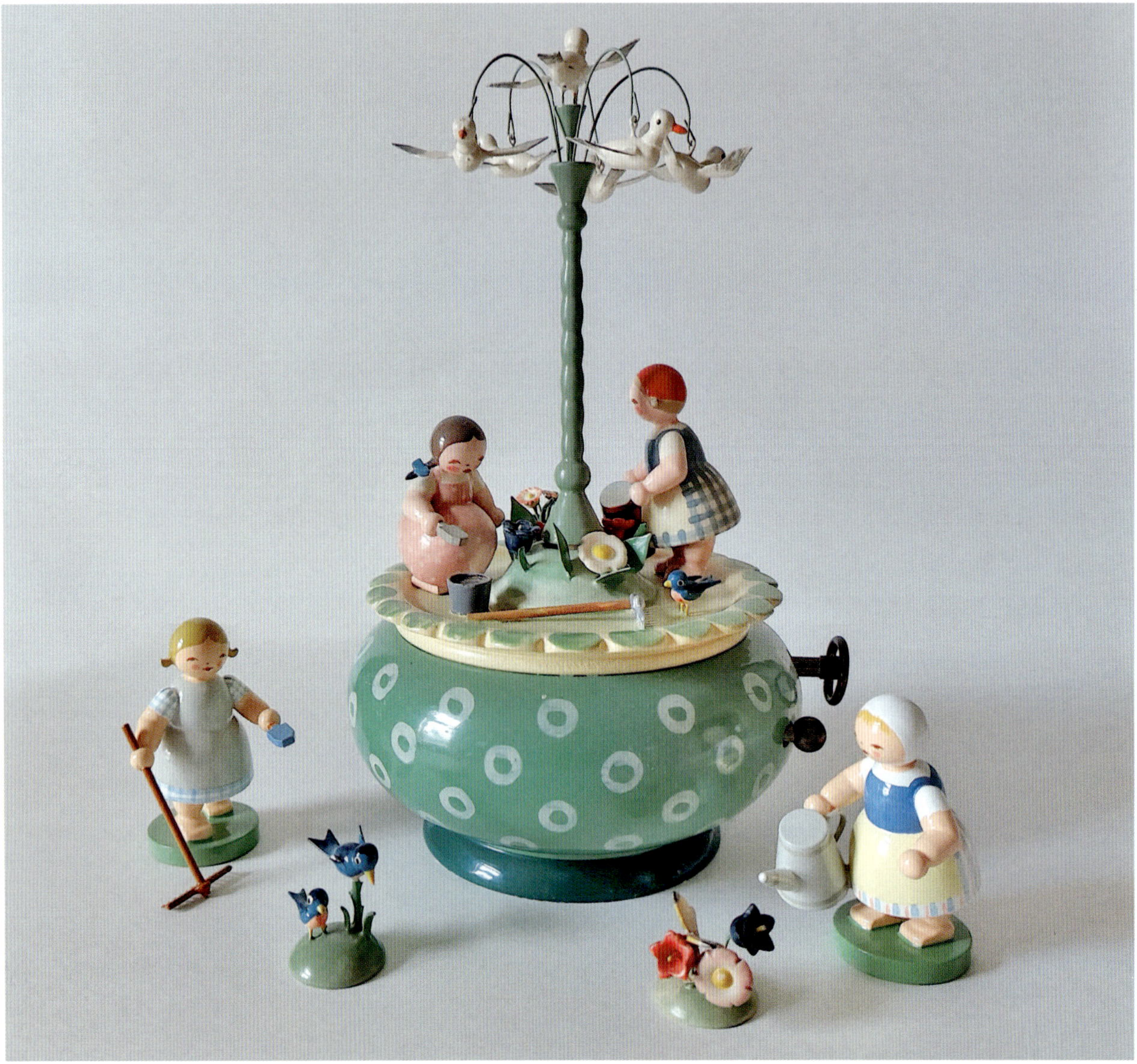

Die Gartenmädchen mit Harke und Gießkanne waren letztmalig 2019 im Angebot. Auch die Spieluhr mit zwei Gartenmädchen gehört nicht mehr zum lieferbaren Programm.

Schulkinder

Der Entwurf der Schulkinder von Grete Wendt stammt aus dem Jahr 1925. Im Katalog werden zwei Paare angeboten. Die Dorfschulkinder tragen eine Schiefertafel unter dem Arm mit angebundenem Schwamm. Der Junge trägt eine Mütze, das Mädchen einen streng nach hinten gebundenen Zopf. Die Stadtschulkinder sind etwas gediegener ausgerüstet. Das Mädchen trägt eine große Schleife auf dem Kopf und eine Dose mit dem Schulbrot in der Hand. Der Junge trägt wie sie einen Ranzen auf dem Rücken, dazu eine offene Schultüte (hier nicht abgebildet). Die Schultüte konnte als Kerzenhalter dienen. Das Schulmädchen im Matrosenkleid erschien im Katalog erst 1937 sowie ein Mädchen mit offener Schultüte. Von 1998 bis 2006 wurden die Stadt- und Dorfschulkinder wieder in das Programm aufgenommen. Heute werden nur noch die Stadtschulkinder angeboten, beide mit zugebundenen Schultüten. In den 1930er-Jahren sollen noch weitere Varianten der Schulkinder gefertigt worden sein.

Die abgebildeten Schulkinder stammen aus der Produktionszeit bis 1935.

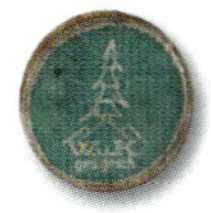

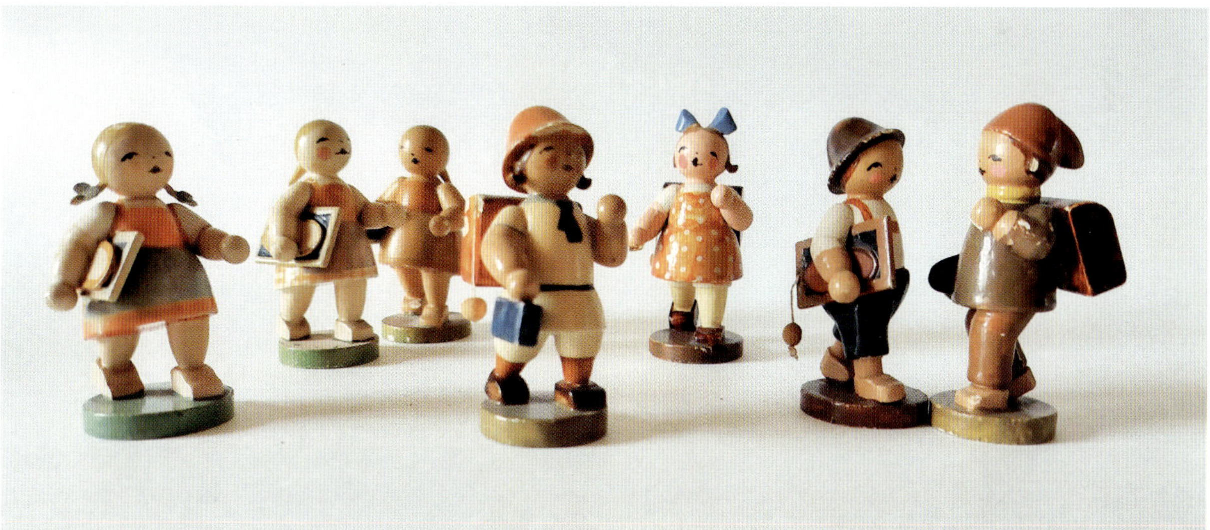

Blumenkinder

Die Blumenkinder sind trotz ihres Alters noch makellos erhalten.

Die Blumenkinder, erstmals 1929 angeboten, gehören zu den Figuren, die mit am längsten und mit nur kurzen Unterbrechungen gefertigt wurden. Die erste Gruppe, die sechs Kinder unterschiedlichen Alters und Größe umfasst, ist so beliebt, dass sie bis heute durchgängig angeboten wird. Aktuell werden die Figuren in Gruppen zu jeweils sechs Figuren unter der Bezeichnung Frühlings-, Sommer- und Herbstkinder angeboten; wobei die jeweiligen Blumen nicht unbedingt zu der genannten Jahreszeit gehören. Der Junge mit der Narzisse zum Beispiel gehört zum Figurensatz Sommer, das Mädchen mit Buschwindröschen dagegen zum Herbst. Auch um den Verkauf stärker auf alle Jahreszeiten auszudehnen, nehmen die Blumenkinder eine wichtige Rolle im Angebot ein. Zu den historischen, bis 1937 entworfenen 18 Blumenkindern haben sich in den vergangenen Jahren zehn weitere zum Teil sehr aufwendig gefertigte dazugesellt, darunter Jungen mit Krokus oder Tulpe und Mädchen mit Sternmiere, Kirschblüte oder Hasenglöckchen. 2023 kommt ein Junge mit Sonnenbraut dazu.

Als Figurenpaar entstanden 1933 ein Mädchen mit Weidenkätzchen und ein Junge mit Haselnuss als Entwurf von Grete Wendt (abgebildet Figuren aus unterschiedlichen Produktonszeiten). Sie werden seit 2009 nicht mehr angeboten.

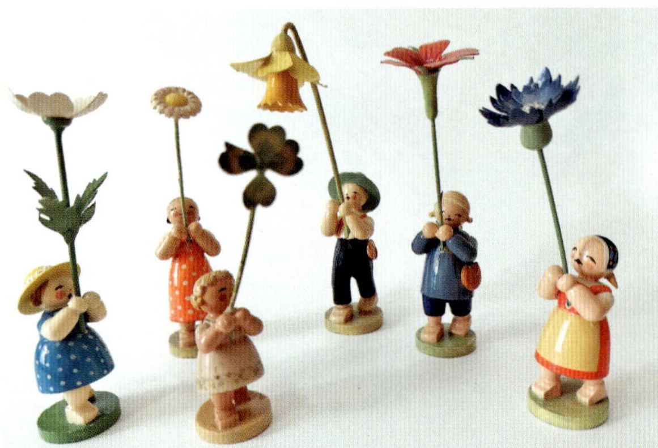

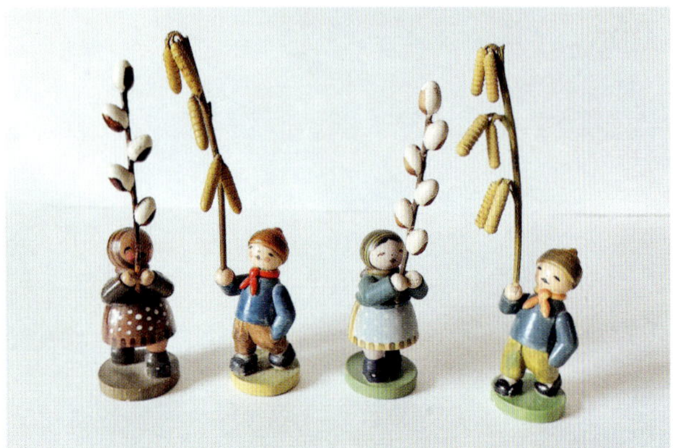

Der Kinderzug

Zu den beliebten Figurengruppen zählt der Kinderzug, der von Grete Wendt bereits in Teilen 1924 entworfen wurde, aber erst Jahre später im Katalog zu finden ist. Seit 1937 wird der Kinderzug durch eine Katalogabbildung mit dem Rattenfänger in Verbindung gebracht; allerdings verkauft wurde der Rattenfänger immer nur als Einzelfigur. 1969 erhielt Wendt & Kühn für diese Gruppe eine Goldmedaille als Spitzenerzeugnis vom Warenzeichenverband „expertic". Über die Jahre änderte sich die Zusammensetzung der Figurengruppe mehrfach.
Der kleine Entdecker mit Schmetterlingsnetz stößt erst in der 1950er-Jahren dazu. Der Kinderzug ziert auch eine der Spieluhren, die Kinder laufen rund um einen von einem Vogel gekrönten Baum.

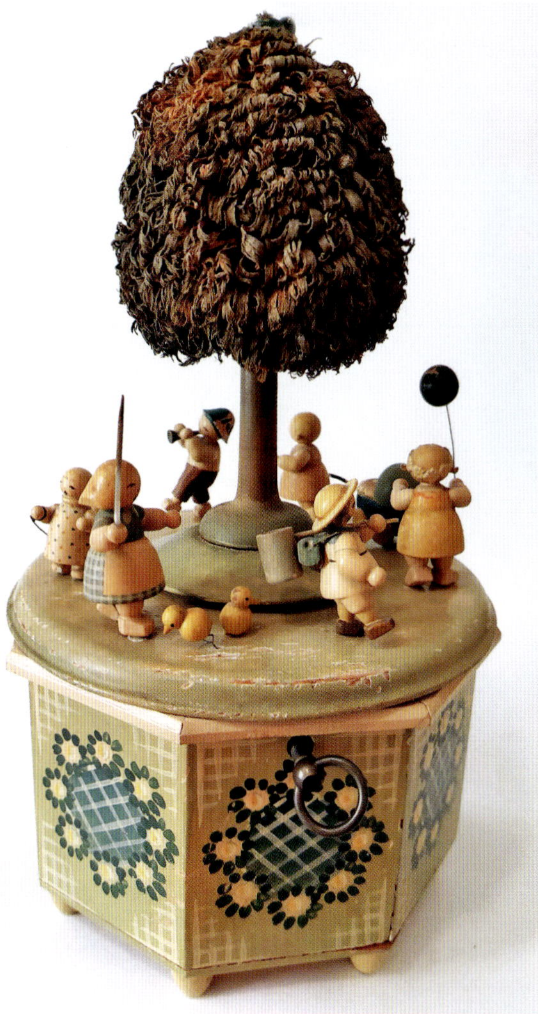

Die Spieluhr „Kinderzug" stammt aus der Zeit um 1950.

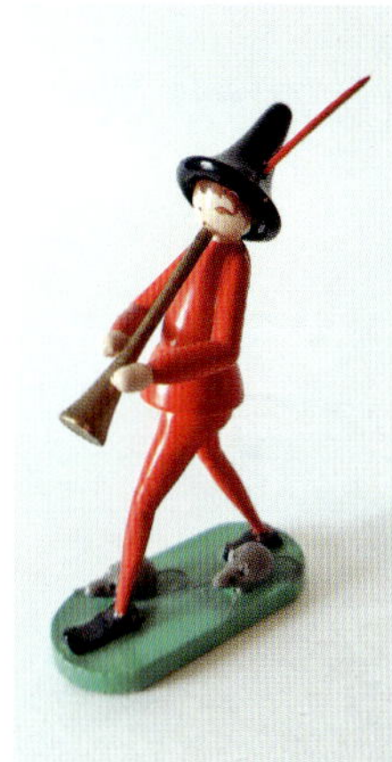

Die Figur „Rattenfänger" führte in der gleichnamigen Sage nicht nur die Ratten, sondern später auch die Kinder aus Hameln fort.

Heinzelmännchen

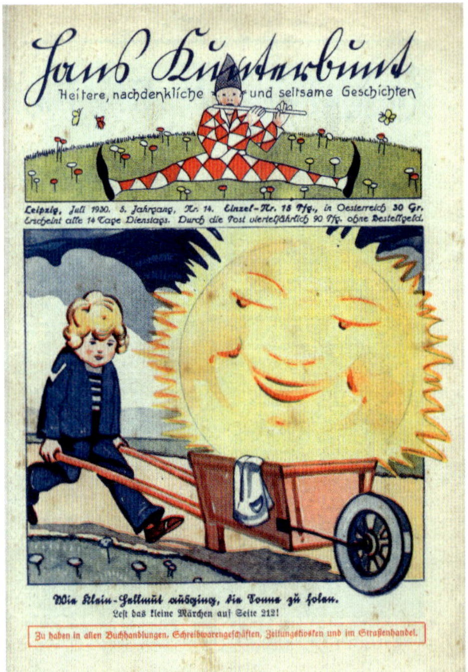

Dieser Entwurf aus dem Jahr 1925 oder 1926 geht zurück auf die Kölner Sagen über die Heinzelmännchen. Der angenehme Gedanke, dass die Arbeit ganz ohne eigenes Zutun von diesen kleinen Gesellen in der Nacht vollbracht wird, wurde im Hause Wendt & Kühn umfassend umgesetzt. Schon 1930 wurden insgesamt 18 fleißige Handwerker und Gärtner im Katalogangebot aufgeführt. Eine dieser Figuren erinnerte mit seiner aufrecht stehenden Zipfelmütze mit Bommel eher an einen Weihnachtsmann, der mit einem Stab gerüstet ist, um einen prall gefüllten Rucksack ans Ziel zu bringen. Die kleinen Figuren finden sich dann in gezeichneter Form in der Kinderbeilage „Hans Kunterbunt" der Leipziger Neuesten Nachrichten wieder, die von 1926–1941 alle 14 Tage die Kinder erfreute. Seit mehreren Jahren gehen jedes Jahr einige dieser Heinzelmännchen erneut in die Produktion. 2023 wird ein Heinzelmännchen mit Kuchen als elfte Figur wieder auf den Markt kommen. Betrachtet man die Figuren genau, so kann man deren Alter an der Form des Mundes ablesen: Früher waren die Mundwinkel nach unten gezogen.

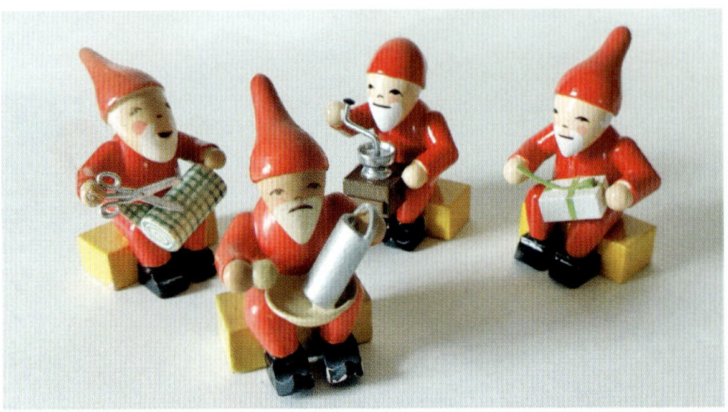

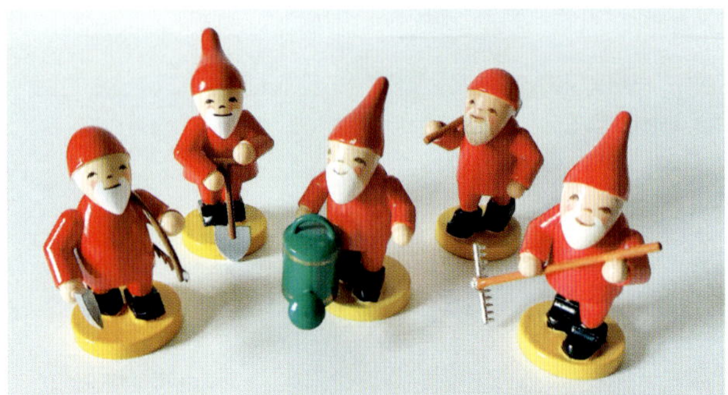

Die Kopenhagener Fischfrauen

Auch die Gruppe der Fischfrauen gehört zu den frühen Entwürfen von Grete Wendt aus den Jahren 1925/1926. Sie zeigt malerisch, wie die prächtig gekleideten Frauen am Hafen ihre Fische offerierten. Vor dem Zweiten Weltkrieg wurden die Figuren als Fünfer-Gruppe angeboten. Neben der Fischfrau mit Fischkiste und Eimer war eine zweite stehende Figur als Lichtträger ausgestattet, ebenso wie die hinter zwei Fischkörben sitzende Fischfrau, die links und rechts von einem Kerzenhalter eingerahmt wurde. Zu DDR-Zeiten wurden die Figuren nur noch als Vierergruppe ohne Kerzenhalter angeboten. Inspirationen für ihre Figurenwelt fand Grete Wendt auf ihren Reisen, so besuchte sie zwischen 1926 und 1933 mehrfach Kopenhagen. Zu den eindrucksvollsten Figurengruppen, die so entstanden sind, zählen neben den Kopenhagener Fischfrauen auch die Wachsoldaten sowie die dänische Kindergarde. Betrachtet man alte Postkarten, so ist die Haltung und Kleidung der Personen wunderbar umgesetzt worden.

Die Figurengruppe trägt als Bodenmarke den Aufkleber „expertic" mit rundumlaufendem Schriftzug.

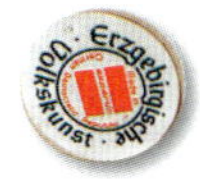

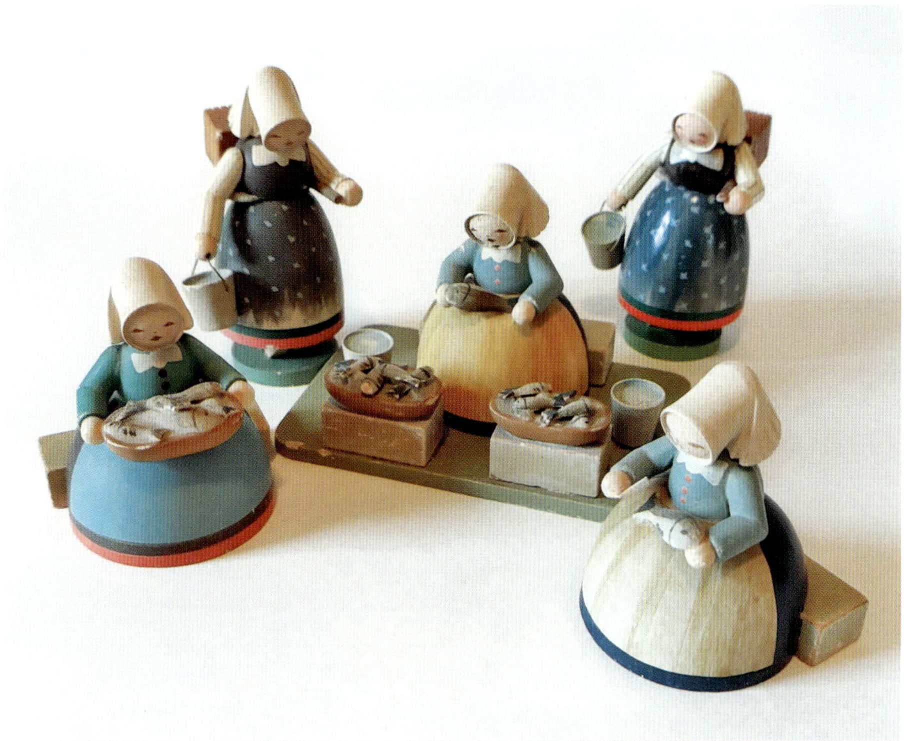

Kopenhagener Wachsoldaten und Kindergarde

Die abgebildeten Wachsoldaten stammen aus der Herstellungszeit zwischen 1972 und 1981.

Die Kindergarde trägt die „expertic"-Marke ab 1968.

Noch heute kann man die Königliche Leibgarde täglich in Kopenhagen von Schloss Rosenborg kommend vor dem Schloss Amalienborg bei der Wachablösung beobachten. In ihren roten Uniformröcken, den hohen Bärenfellmützen und den blauen Uniformhosen schreitet sie mit geschultertem Gewehr zum Wachhabenden, um ihn feierlich abzulösen. Passend zu dieser Gruppe mit Schilderhaus, die 1966 von Grete Wendt entworfen wurde, hatte sie bereits drei Jahre früher die dänische Kindergarde als Musikzug mit Instrumenten als Figurengruppe entworfen. Sie besteht aus insgesamt neun Figuren: einem Tambour und fünf Musikern sowie einem Fahnenträger und zwei Wachsoldaten. Die Figurengruppe der Wachsoldaten wurde letztmalig im Jahr 2002 angeboten.

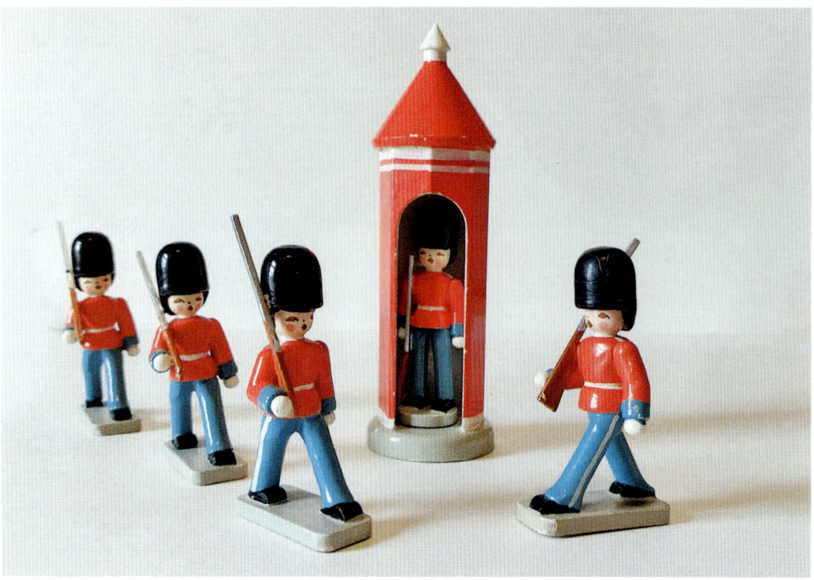

Die Kopenhagener Kindergarde ist noch heute im Vergnügungspark Tivoli bei Veranstaltungen aktiv und ein beliebtes Fotomotiv. Auch diese Gruppe ist schon seit Jahren nicht mehr lieferbar.

Die Kindergarde besteht aus acht Musikern und dem Tambour. Das Wachhaus und der Fahnenträger gehören zur Gruppe der Wachsoldaten.

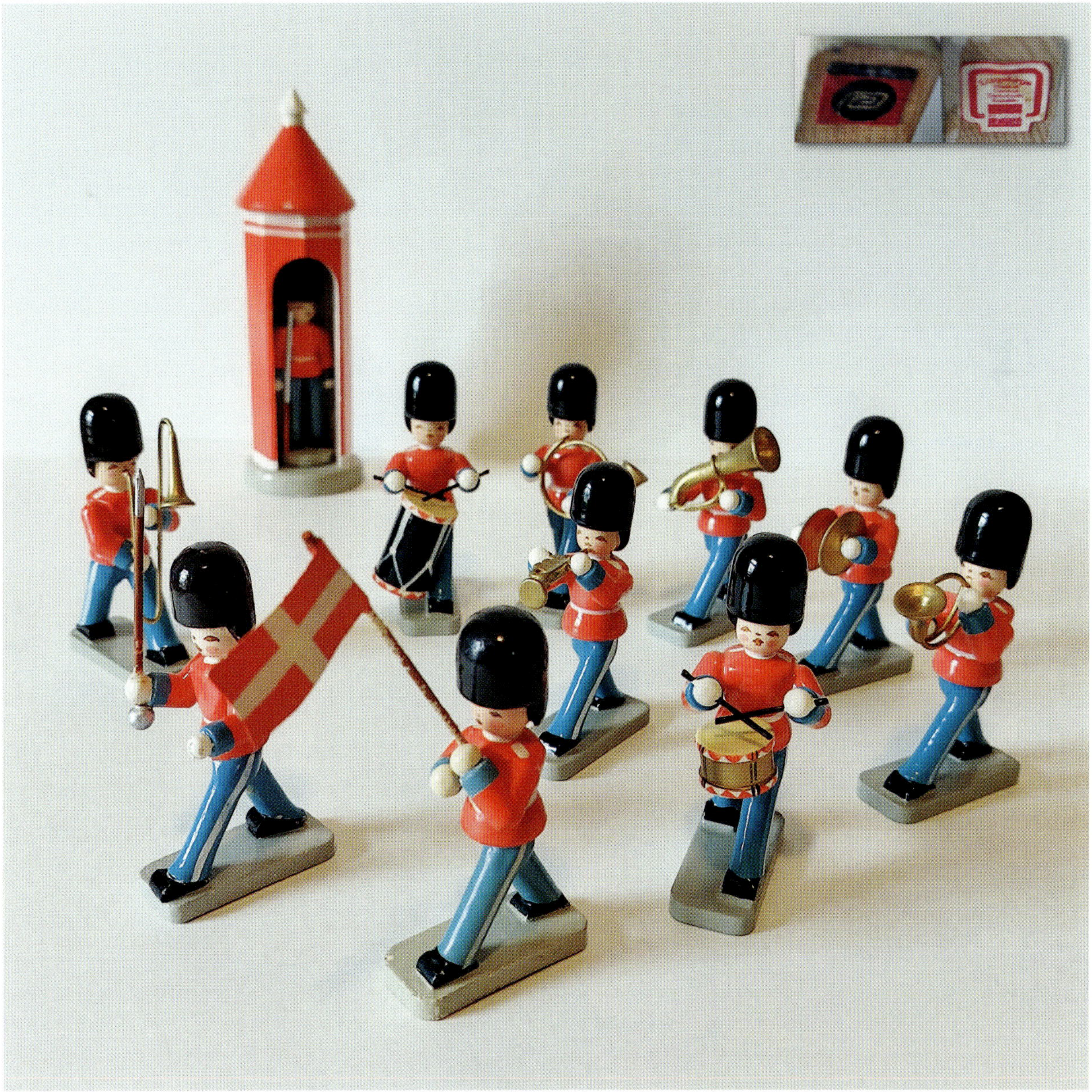

Der Luciazug

Das Luciasingen hat in Skandinavien eine lange Tradition. Lucia mit ihrer Lichterkrone führt eine Gruppe von weiß gekleideten Mädchen und Jungen an, die Mädchen bringen das mit Safran gebackene Weihnachtsgebäck Lussekatt, die Jungen tragen Sterne und Kerzen. Traditionell bringen sie Licht in die dunkle Jahreszeit und erfreuen mit wunderbarem Gesang. Grete Wendt muss auf ihren Reisen durch Schweden einen solchen Zug erlebt haben, schon Anfang der 1950er-Jahre entwarf sie einen Satz mit sieben Figuren. Die Mädchen tragen die Gaben auf kleinem Tablett vor sich her: Eine Teekanne mit Tasse, einen mit Zucker bestäubten Kuchen und rotbackige Äpfel. Eine Neuauflage einer Spieluhr mit sechs Lucia-Figuren wurde von 1994 bis 2006 wieder ins Programm genommen. Figuren und Spieluhr zählen heute bei den Sammlern zu den gesuchten Kostbarkeiten. Auf der Spieluhr fehlt der Junge mit Spitzhut und Laterne.

Dieser Luciazug wurde in der Zeit vor 1972 gefertigt.

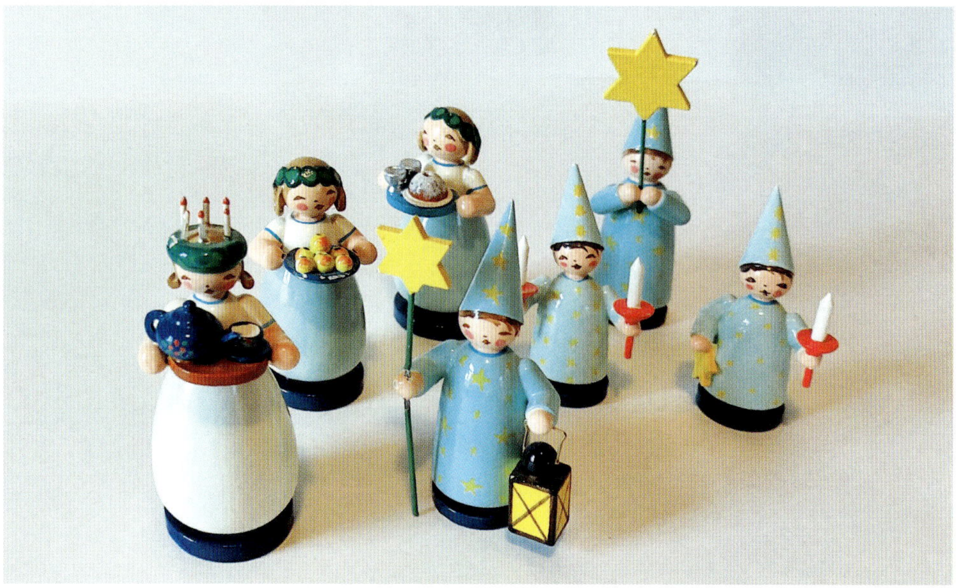

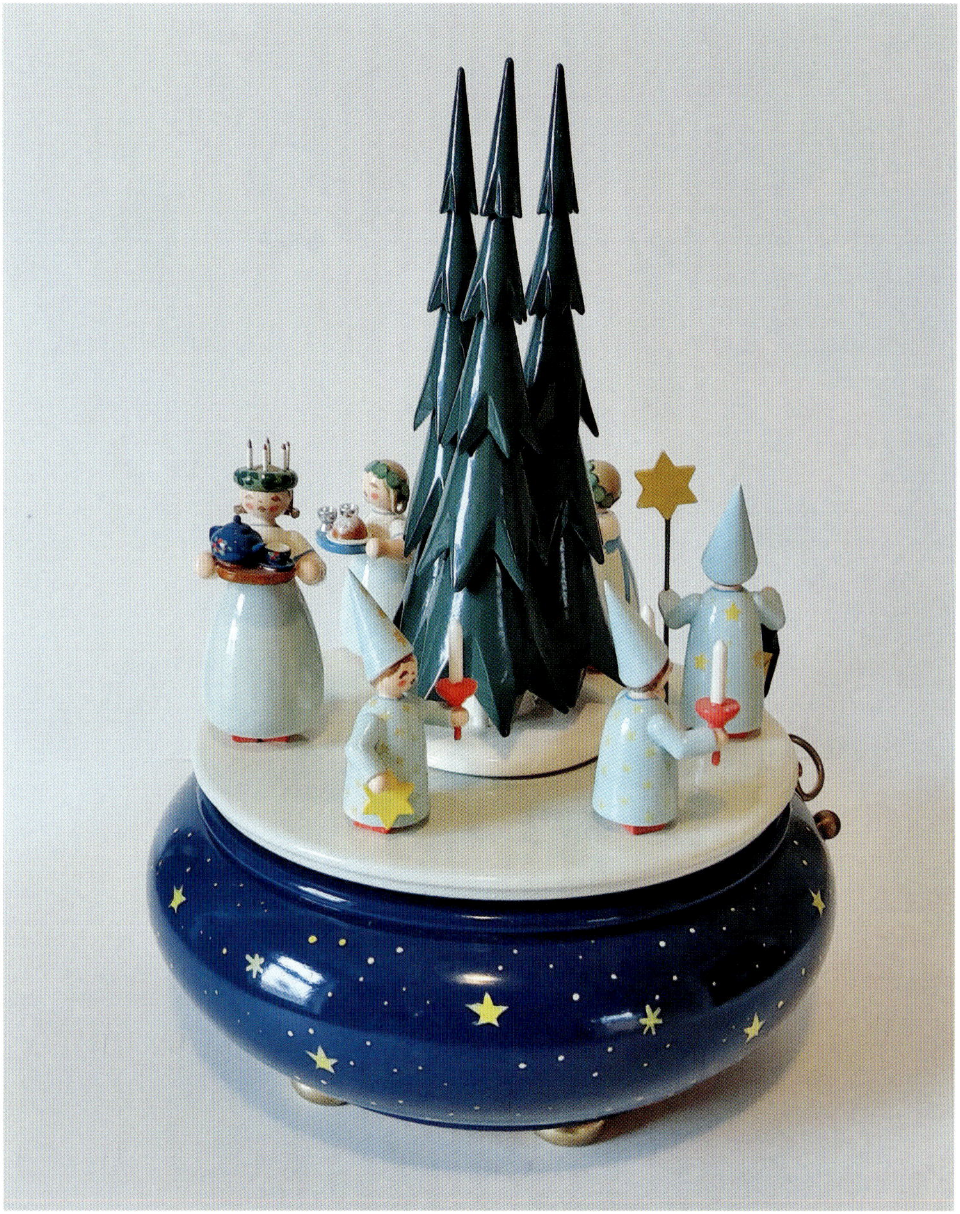

Die Spieluhr mit den Luciakindern trägt den Aufkleber der Produktionszeit ab 1990.

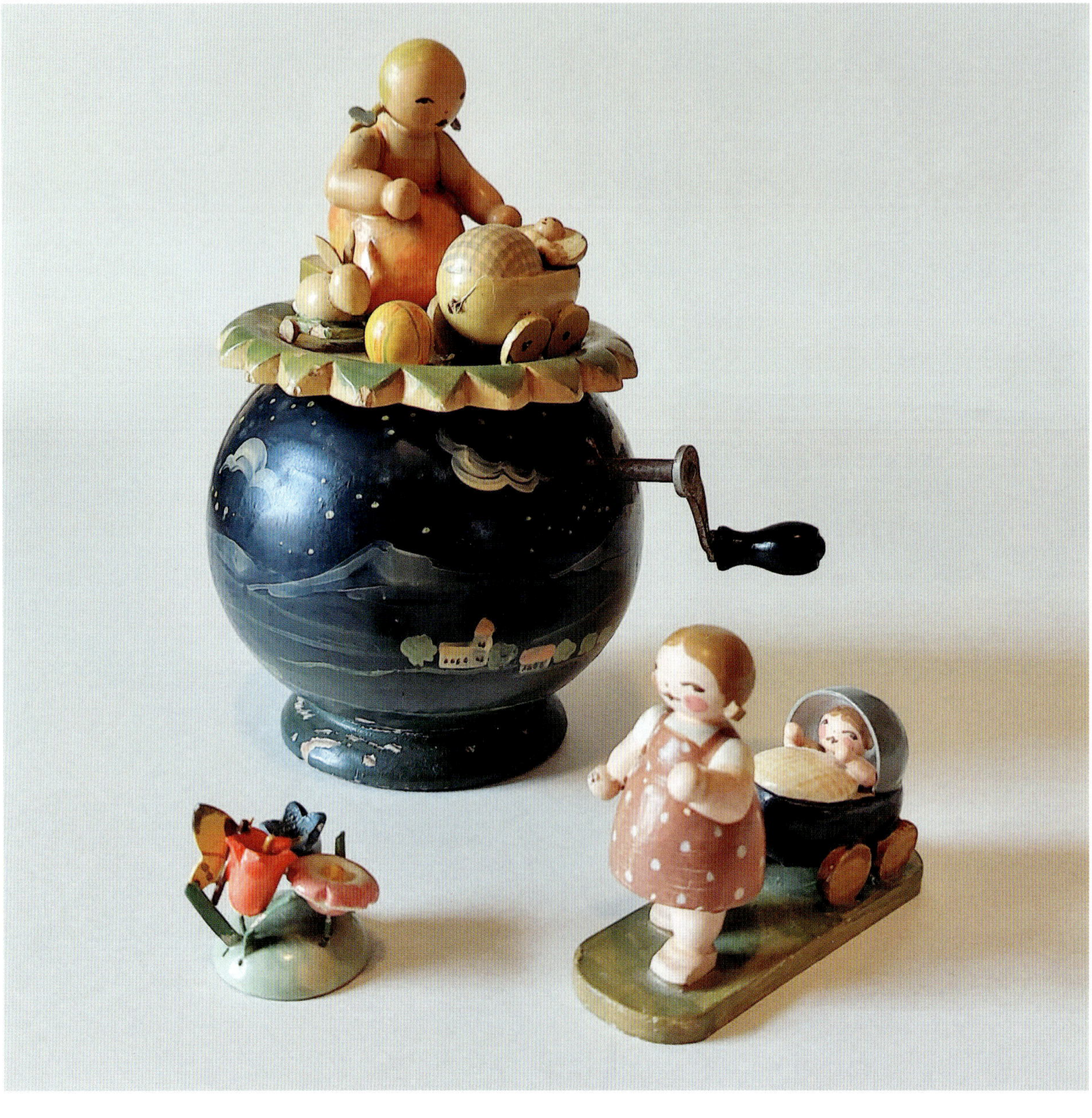

Spieldose Mädchengruppe

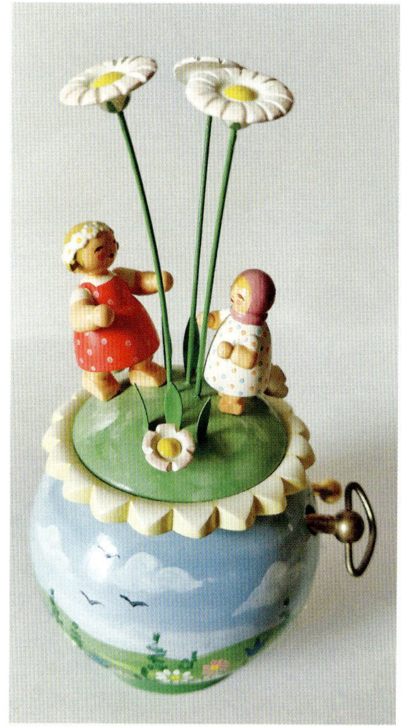

Diese Spieldose mit Kurbelantrieb wurde 1928 von Grete Wendt entworfen, später wurde sie unter der Bezeichnung „Spieldose mit Wiegengruppe" angeboten. Seit 2003 ist die Spieldose unter der Bezeichnung „Spieldose Abendlied" mit der Melodie von Brahms wieder im Angebot, seit 2008 nun mit einem 18-stimmigen Musikwerk mit Automatikgetriebe zum Aufziehen. Besonders reizvoll sind die reich bemalten Unterteile der Spieluhren. In gleicher Größe wird die Spieluhr „Frühlingsreigen" gefertigt.

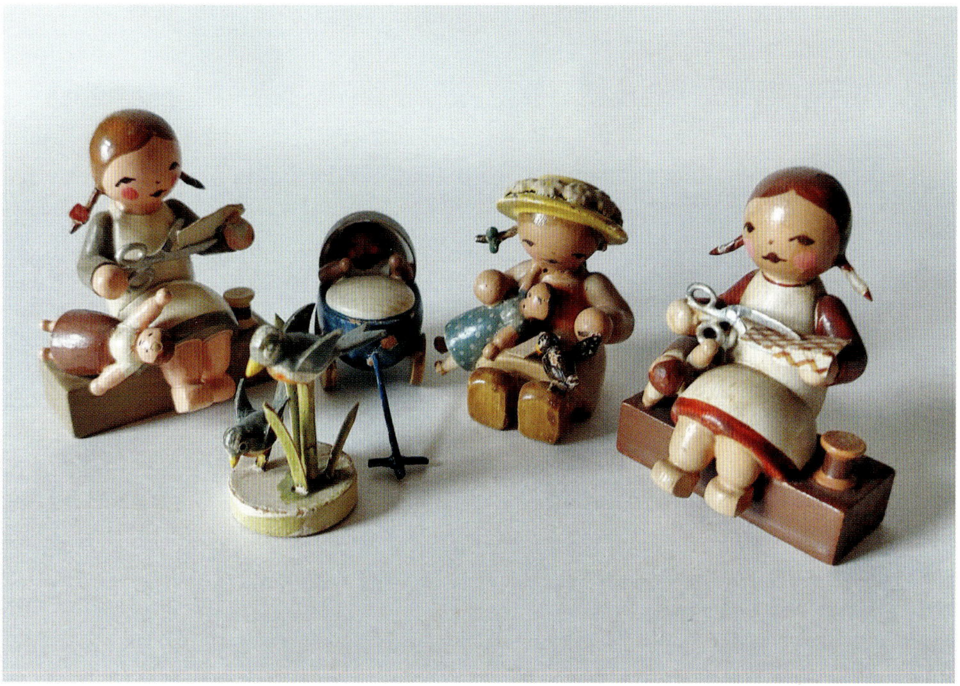

Mädchen mit Puppenwagen oder als kleine Schneiderin mit Schere, Stoff und Garnrolle, die Puppe ist immer dabei.
Die Figuren tragen die Bodenmarken aus der Produktionszeit von 1920 bis 1930.

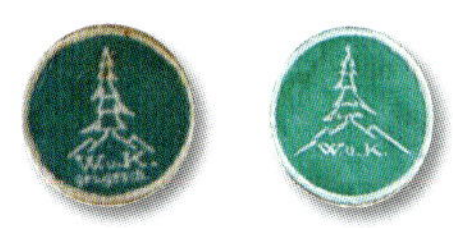

Soldatenkinder als Serviettenringreiter

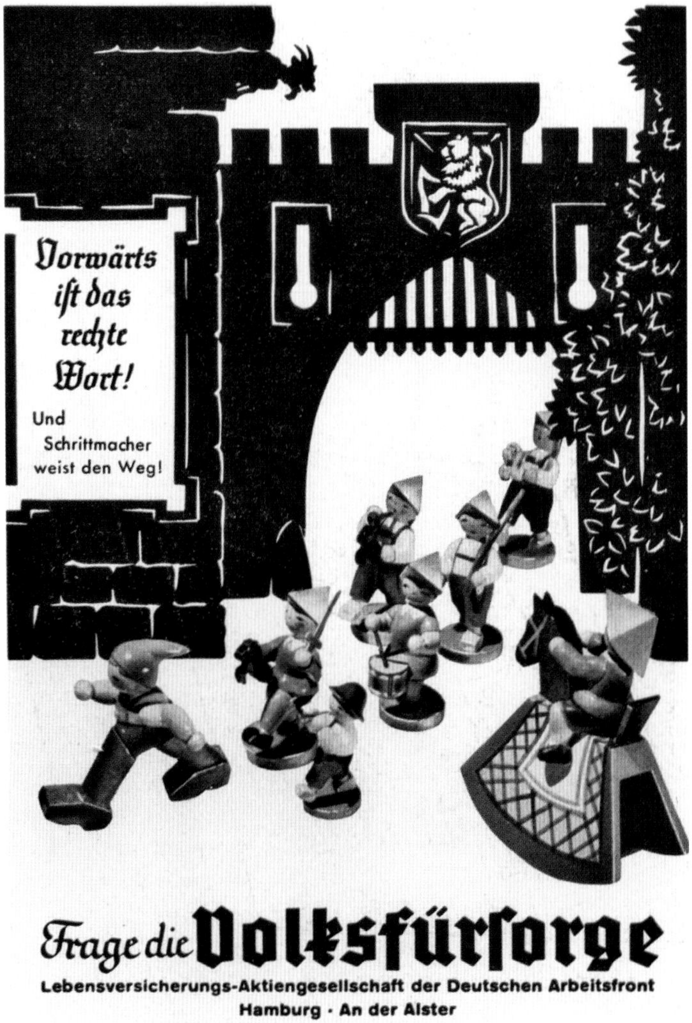

Im Jahr 1928 entwarf Grete Wendt die Soldatenkinder, eine Gruppe von Jungen mit gefalteten Papierhüten, teilweise mit Steckenpferden. Im Katalog von 1930 sind sie abgebildet mit Trommel, Fahne, mit je einem langen Säbel, mit Schwert und Gewehr. Außerdem gab es je ein Kind mit Peitsche und Becken. Die Figuren wurden zu derselben Zeit auch als Schmuck auf Spieluhren angeboten: Zwei Steckenpferdreiter mit Trompete und Schwert auf einer Handkurbeldose sowie vier kleine Soldatenkinder zu Pferde unter einer Kuppel wie auf dem Jahrmarkt als Ausstattung auf einer großen Spieluhr „Karussel". Erst fünf Jahre später, im Jahr 1933, entwarf Grete Wendt die Serviettenhalter mit Soldatenkindern. Die Bemalung soll ein Entwurf von ihrer Schwägerin Olly Wendt sein. Letztmalig wurden sie 2003 angeboten. Alle Figuren bis auf die Serviettenhalter sind äußerst rar.

Der Text aus der Kinderbeilage „Hans Kunterbunt" aus dem Jahr 1933 macht deutlich, dass die heutigen Vitrinenfiguren im Ursprung als Spielzeugfiguren gedacht waren.

Anzeige in Illustrierter Zeitung, Leipzig, Weihnachten 1942

Buntes Spielzeug hinter großen Fensterscheiben.

Bunt leuchten Gnomen und Wichtel und Hasen und Blumenkinder in einem Schaufenster der breiten Geschäftsstraße inmitten der großen Stadt, — in einem Schaufenster, vor dem Buben und Mädels, große und kleine, lachend und schwatzend sich stauen.

An der Innenseite der riesigen Scheibe klebt eins der fröhlichen „Hans Kunterbunt"-Hefte: „Blumenkinder gratulieren" steht über dem Blatt, das nach außen gekehrt ist. Die Waltraude entdeckt es als erste; und sie liest mit silbernem Stimmchen die schlicht erzählenden Verse:

„. . . singen laut und
singen leise
und marschieren froh im
Kreise . . ."

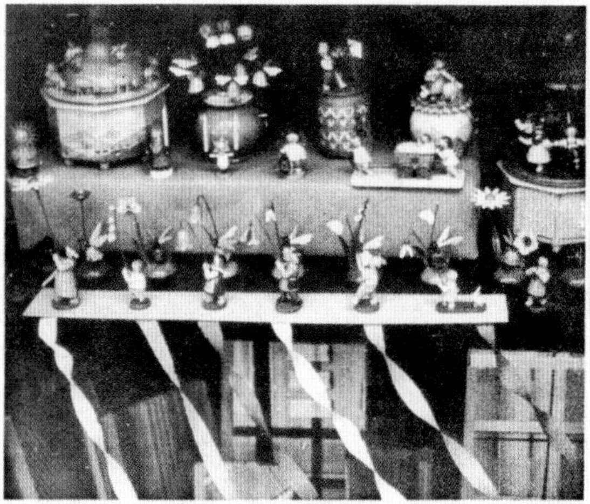

Im Hintergrunde des Schaufensters stehen die holzgeschnitzten Blumenkinder

Die Gespielen horchen auf und lauschen. Zwei, drei und mehr noch fallen jubelnd ein, und aller Blicke gleiten auf den farbigen papiernen Bändern hin zu der Blumenkindergruppe im Hintergrund des verlockenden Fensters.

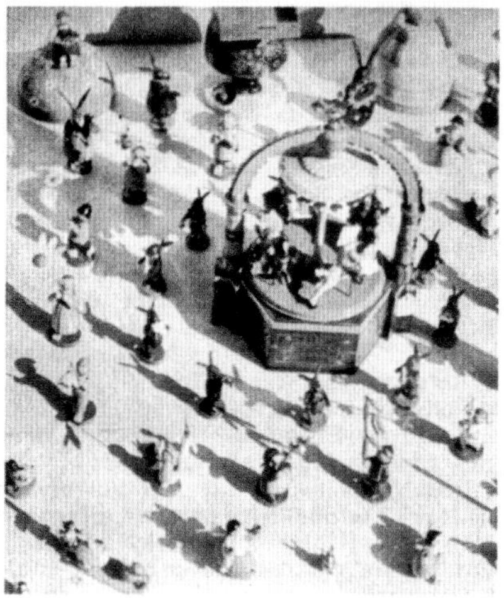

Neuzeitliches Spielzeug aus dem sächsischen Erzgebirge in einem trefflich ausgeschmückten Fenster.

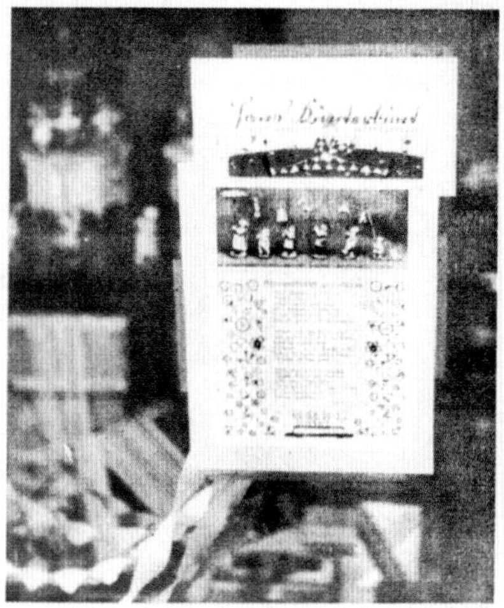

„Blumenkinder gratulieren".

Kinderbeilage „Hans Kunterbunt", Leipzig, September 1933.
Auszug aus dem Text der Folgeseite:
„Ein gutes Dutzend neugieriger Stupsnäschen drückt sich platt an der mächtigen Scheibe, hinter der schelmisch und lustig erzgebirgisches Spielzeug in Fülle funkelt und blinkt. Kleine eifrige Mäuler streiten sich um das Recht am Beschauen der Soldatenbuben, die trommelnd und trompetend quer durch die glitzerbunten Auslagen strampeln, quer durch den Chor der singenden Engel und musizierenden Küken, geradewegs auf ein „Hans Kunterbunt"-Heft zu, das in einer Ecke lehnt und mit kindlichen Worten redet und sagt:
„Jochen führt als Flügelmann
seine Kriegertruppe an.
Hans muß ab und
zu trompeten.
Wenn der Hauswirt sich beschwert,
kommandiert er: Linkum kehrt …"

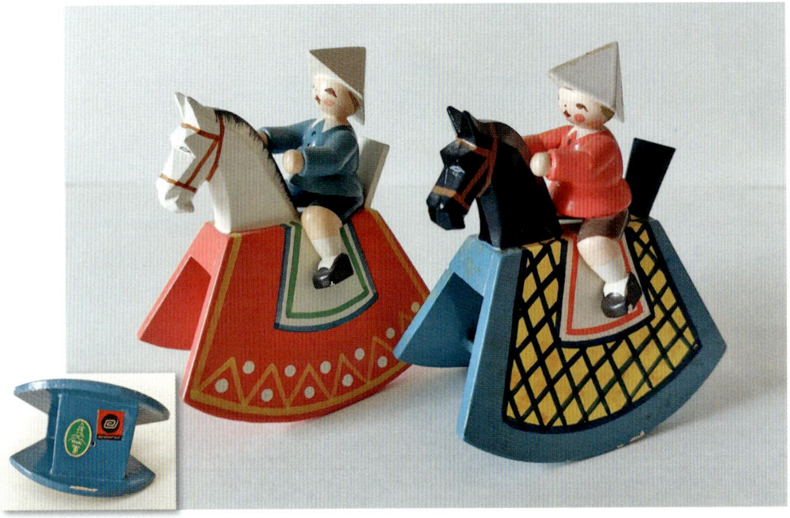

Der kleine Däumling in Siebenmeilenstiefeln, hier inmitten einer Entenfamilie, entstammt dem gleichnamigen französichen Märchen.
Die Figur ist ein Entwurf von Grete Wendt aus dem Jahr 1929. Auch sie wird Teil der Werbung der Volksfürsorge bereits ab Ende der 1920er-Jahre. In großer und kleiner Variante wurde die Figur letztmalig zwischen 2004 und 2008 angeboten. Nur auf der noch lieferbaren Geburtstagszahl Eins zeigt der Däumling, wie ein kleiner Mensch mit großen Schritten weit kommen kann.

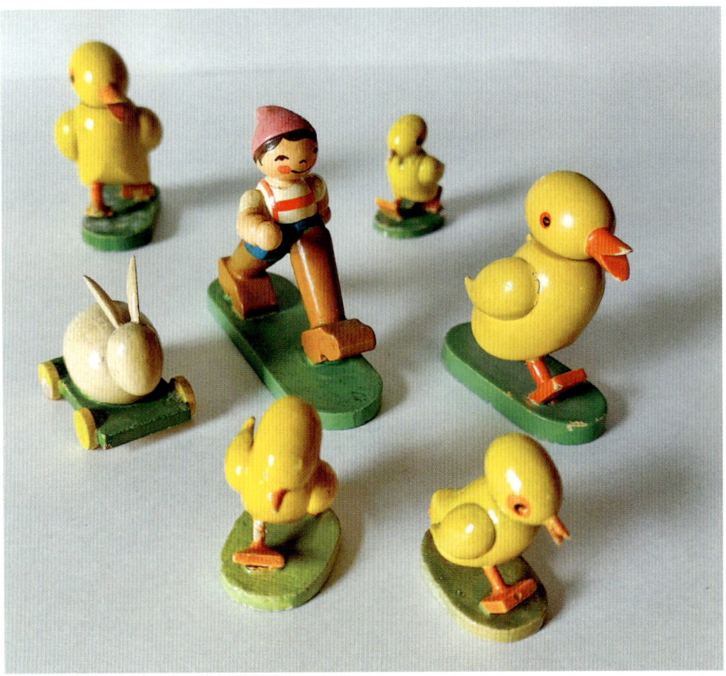

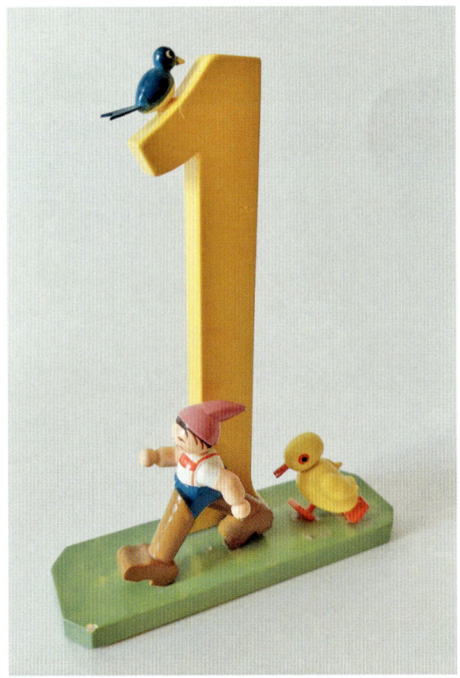

Serviettenringe mit Kindern

Auch diese Figuren, eigentlich Serviettenringe für den gepflegten Tisch, gehören zu den Entwürfen aus den 1930er-Jahren. Von wem der Entwurf stammt, ist nicht mehr bekannt. Die drei Jungen und drei Mädchen, die zum Satz gehören, genießen Äpfel, ein großes Butterbrot, eine Tasse dampfenden Kakao und Suppe sowie eine kleine Brezel. Nur ein Junge macht mit einer Ziehharmonika stimmungsvoll Musik. Die Brezel wurde später durch einen Pfefferkuchen ersetzt, der optisch noch ausdrucksvoller war. Die Figurengruppe wurde zuletzt bis 2007 im Handel angeboten. Ob es wohl daran liegt, dass die Tischkultur mit Servietten aus Stoff aus der Mode geraten ist?

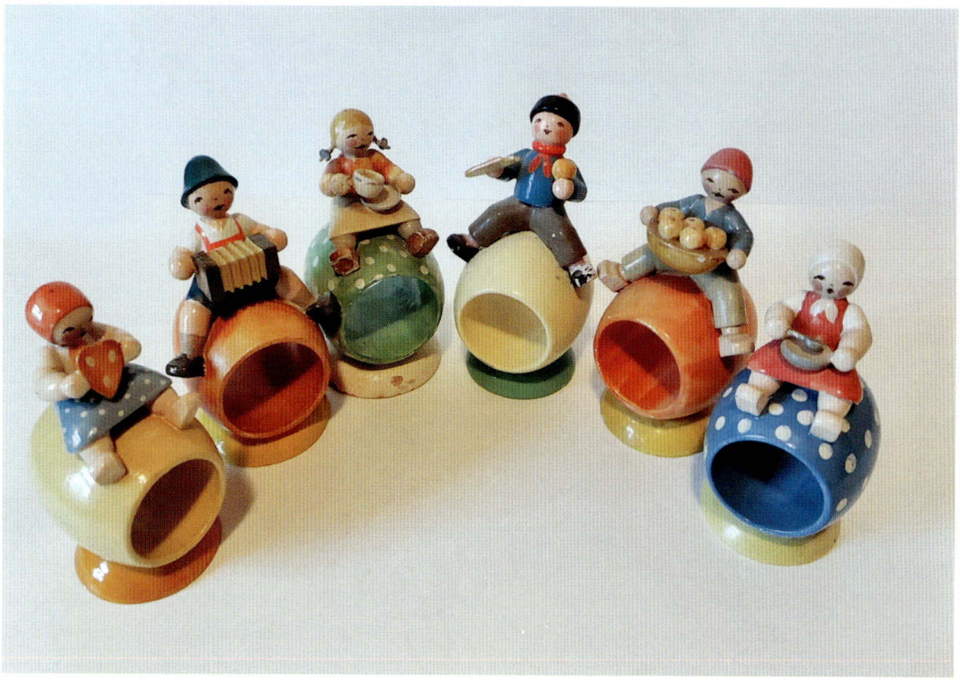

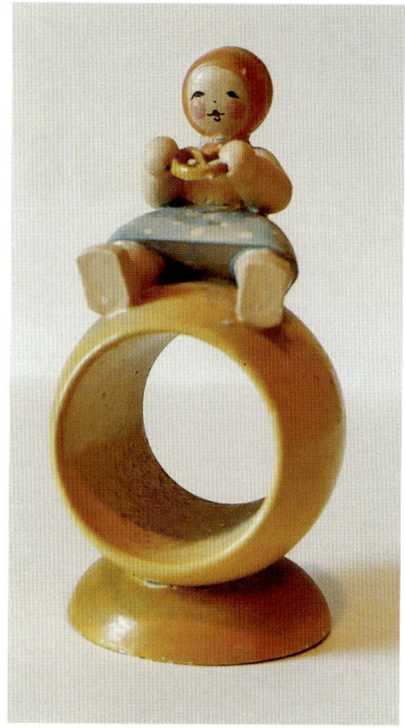

Die Serviettenringe tragen alle die kleine grüne Bodenmarke und wurden in den Jahren 1929/1930 produziert.

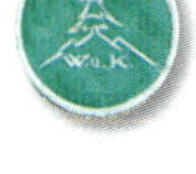

Tischkartenhalter

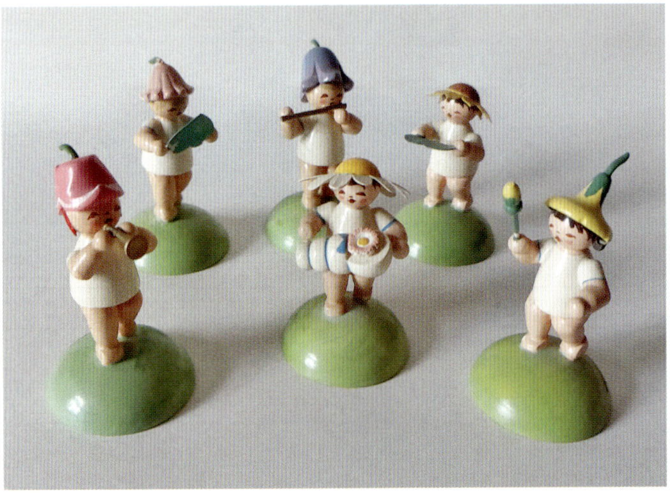

Figürliche Tischkartenhalter sind im Programm von Wendt & Kühn in vielen verschiedenen Formen angeboten worden: als Blumenkinder, als Schmetterlinge auf Blüten, als Blumen oder Blütenzweige oder als kleine Blumenkinder, die jeweils einen Blütenkelch als Kopfbedeckung tragen. Mittlerweile sind die Tischkartenhalter aus dem Angebot verschwunden. Ob es daran liegt, dass die moderne Tischkultur sparsamer ausfällt? Die Figurengruppe Kinder mit Blumen stammt aus der Produktionszeit bis 1935, die Kartenhalter mit Blumen und Schmetterlingen aus der Zeit zwischen 1968 und 1972.

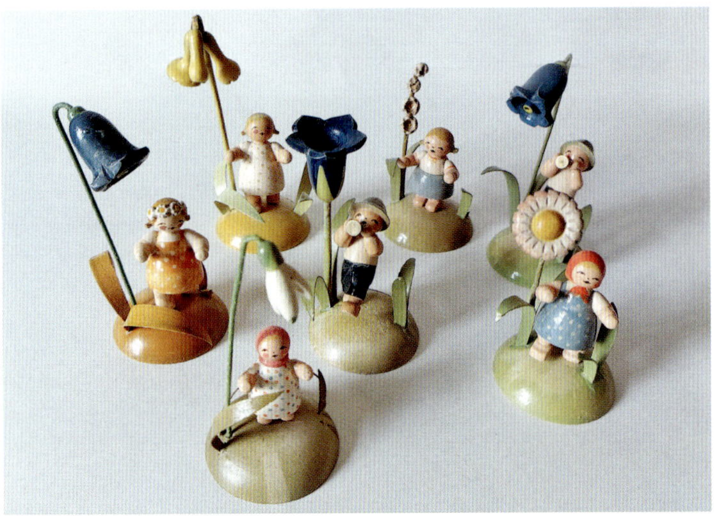

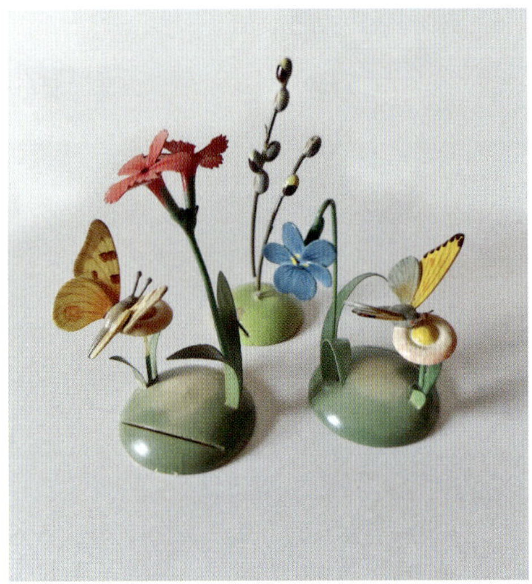

Raben

Tiere gehörten von Beginn an zum Sortiment. Neben Elefanten, Bären und Pinguinen sind es insbesondere Vögel wie Eulen, Störche und Raben. Die Ausstattung der schwarzen Vögel mit beweglichem Kopf und mit feiner goldfarbener Brille sowie teilweise mit Buch und Regenschirm lässt sie als kluge Vögel der Sagen- und Märchenwelt erscheinen. Die Raben, eine von Grete Wendt entworfene Gruppe, wurde erstmals 1930 angeboten, zunächst als Fünfer-Gruppe. Die fünfte Figur steht etwas aufrechter als die anderen, der Kopf ist etwas runder als bei den anderen Vögeln. In den Jahren 2003 bis 2012 waren die Raben als Vierer-Satz erneut im Programm und gehören bis heute zu den gesuchten Einzelfiguren.

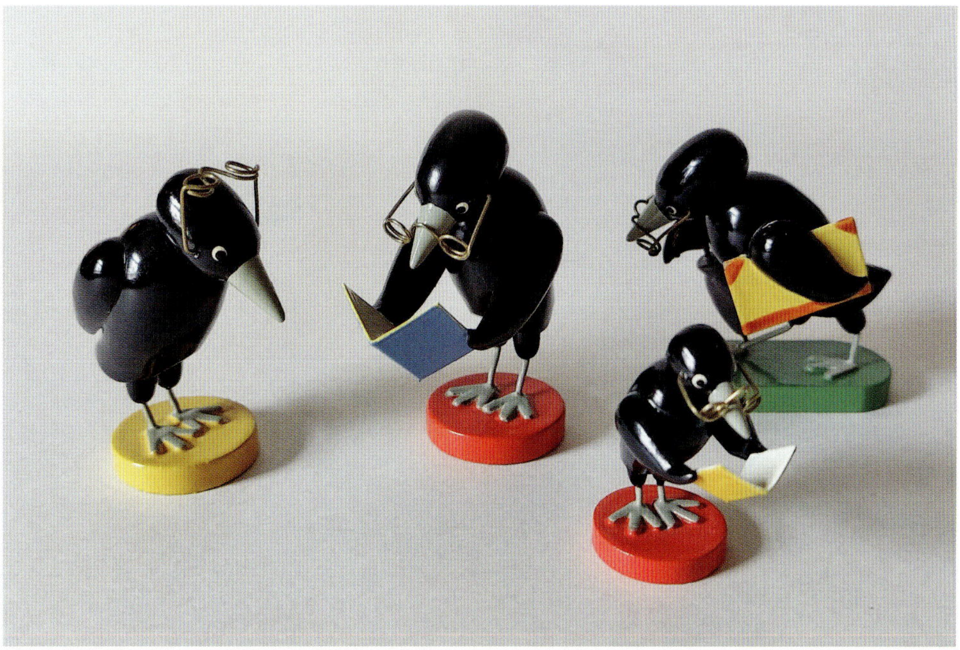

Vierer-Satz Raben aus der Produktion um 2010

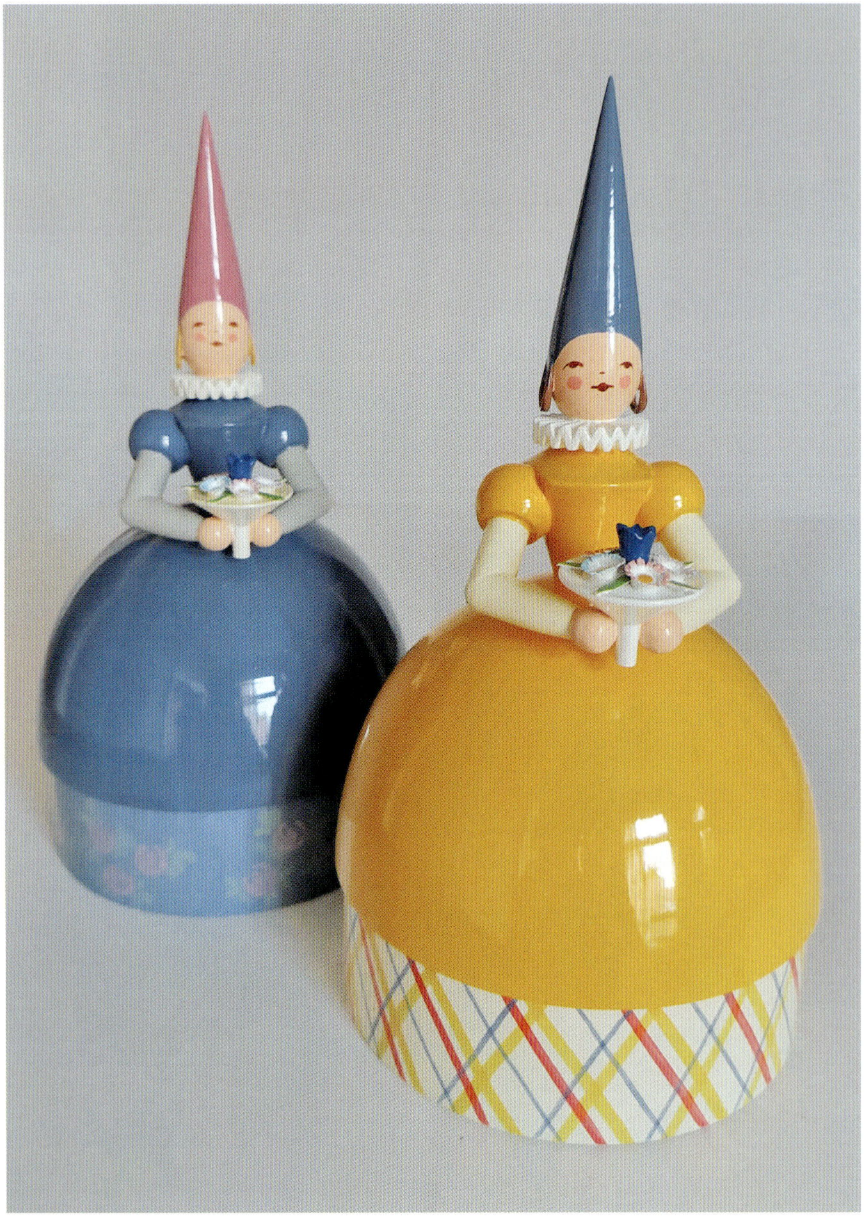

Knauldamen

Knauldamen sind Figuren, die im Inneren ein Wollknäuel aufnehmen konnten. Der Faden lief beim Arbeiten durch ein Loch im bauschigen Rock nach außen. Was in den 1930er-Jahren tatsächlich als Gebrauchsgegenstand in vielen verschiedenen Formen gefertigt wurde, stellt heute eine sehr feine Vitrinenfigur dar. Im Katalog von 1937 wurden 16 verschiedene Figuren angeboten. Alle Damen waren überaus detailreich ausgestattet mit Hüten und unterschiedlich gestalteter und sehr fein bemalter Kleidung. Die hier abgebildeten Prinzessinnen sind eine Neuauflage einer historischen Figur aus aktueller Produktion. In gelbem Rock mit Blumen in der Hand und dem hohen Spitzhut wirkt sie fast wie eine Fee aus dem Märchen. Hier auch in der Farbvariante blau, die nicht im ständigen Programm bestellbar ist, sondern nur für Sammler auf Vorbestellung gefertigt wurde.

Engel mit Lichternapf oder Violine

Der Engel mit Lichternapf oder mit Violine geht auf einen Entwurf von Grete Wendt aus dem Jahr 1930 zurück. Das Besondere daran war, dass der Engel schon zu Anfang in weißem und rotem Kleid angeboten wurde. Die reiche Bemalung hat Olly Sommer entworfen und meist die Figuren auch bemalt. Zusätzlich gab es stehende und kniende Ausführungen. Je nach Bemalung des Gesichts war die Blickrichtung nach links oder rechts gerichtet. So kann man besonders reizvolle Gruppen mit unterschiedlichem Blickkontakt stellen. Zurzeit werden diese Engel in grünem, rotem und blauem Gewand angeboten, wieder jeweils in schlichter und reicher Bemalung. Die korallenroten Figuren wurden letztmalig im Jahr 2003 gefertigt, hier ein Beispiel aus der Fertigung ab 1946. Die weißen Engel tragen die Marke aus der Produktionszeit 1929/1930, letztmalige Fertigung bis 2006.

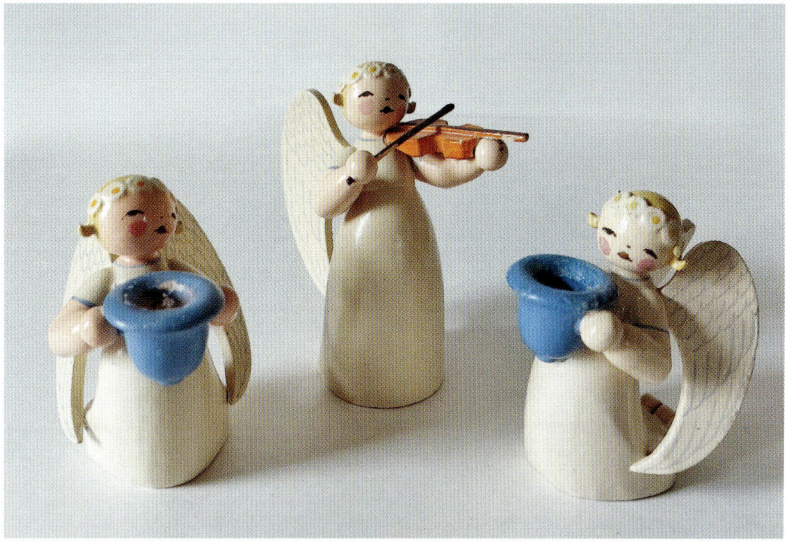

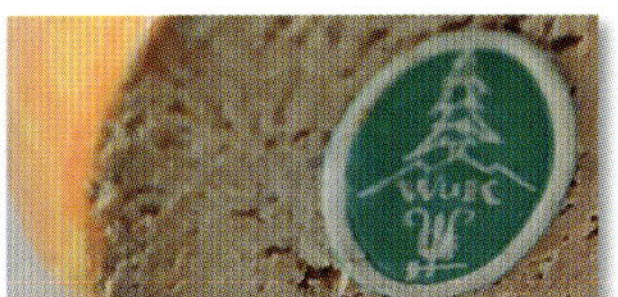

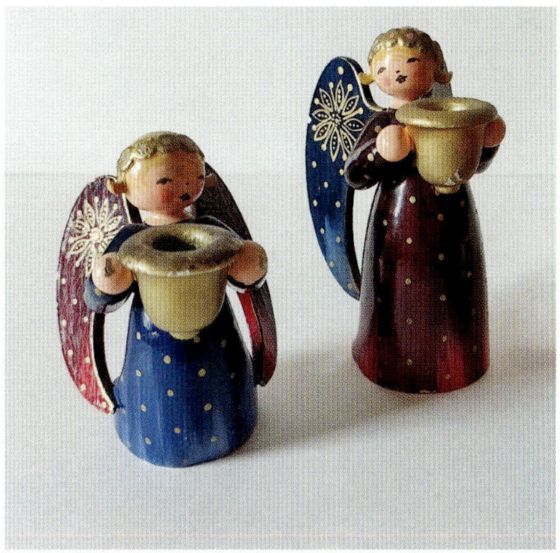

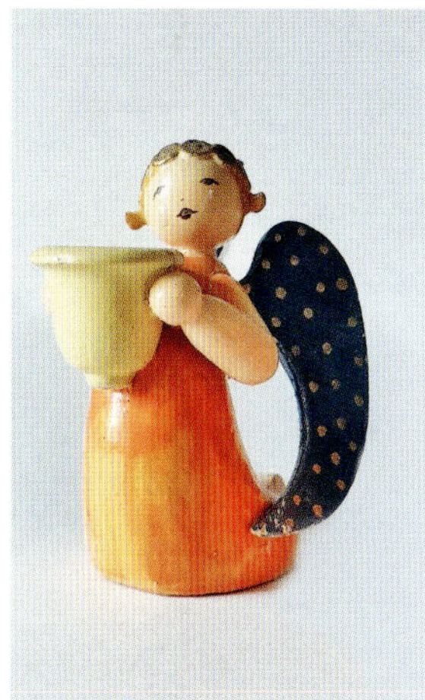

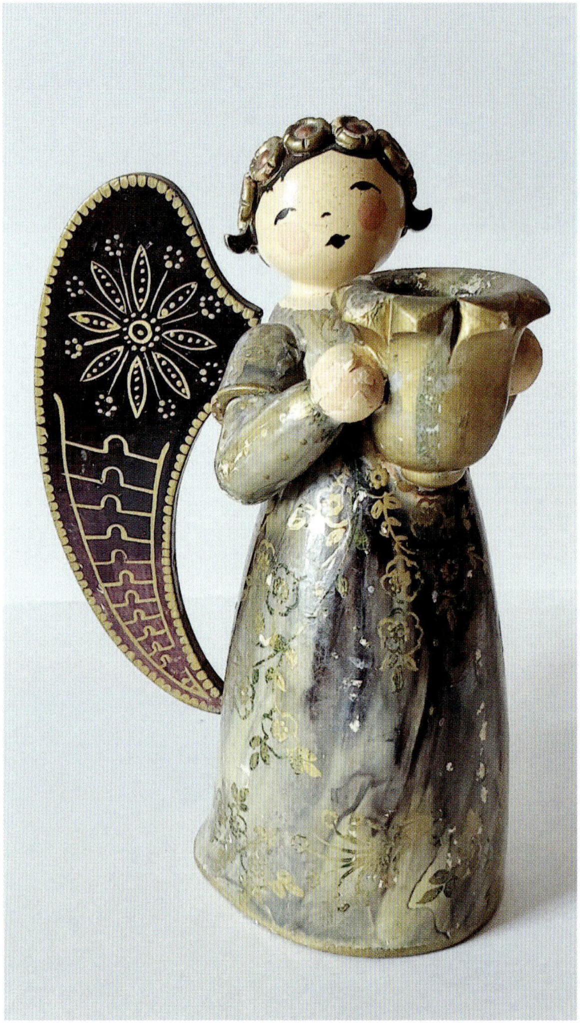

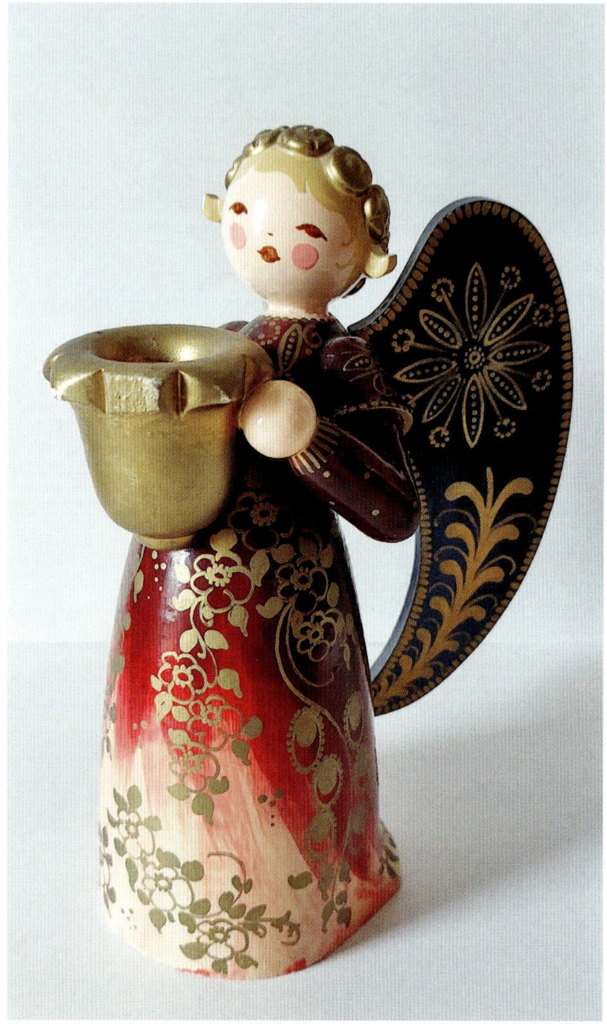

Engel mit reicher Bemalung, Größe 17 cm, wurden erst ab 1937 im Katalog abgebildet, hier aus der Produktionszeit ab 1946.

Engel im Bogen

Grete Wendt entwarf im Jahr 1930 eine Reihe von Figuren, die in einem Bogen aus Draht saßen. Neben Engeln in weißem oder rotem Kleid gab es auch eine Ausführung eines Engels mit rosa Flügeln, die an einen Schmetterling erinnern. In gleicher Ausführung wurde statt des Engels ein Mädchen in den Bogen gesetzt. Diese Variante wurde ebenso wie die Engel auch auf kleineren Spieluhren angeboten, dann natürlich ohne Kerzenhalter.

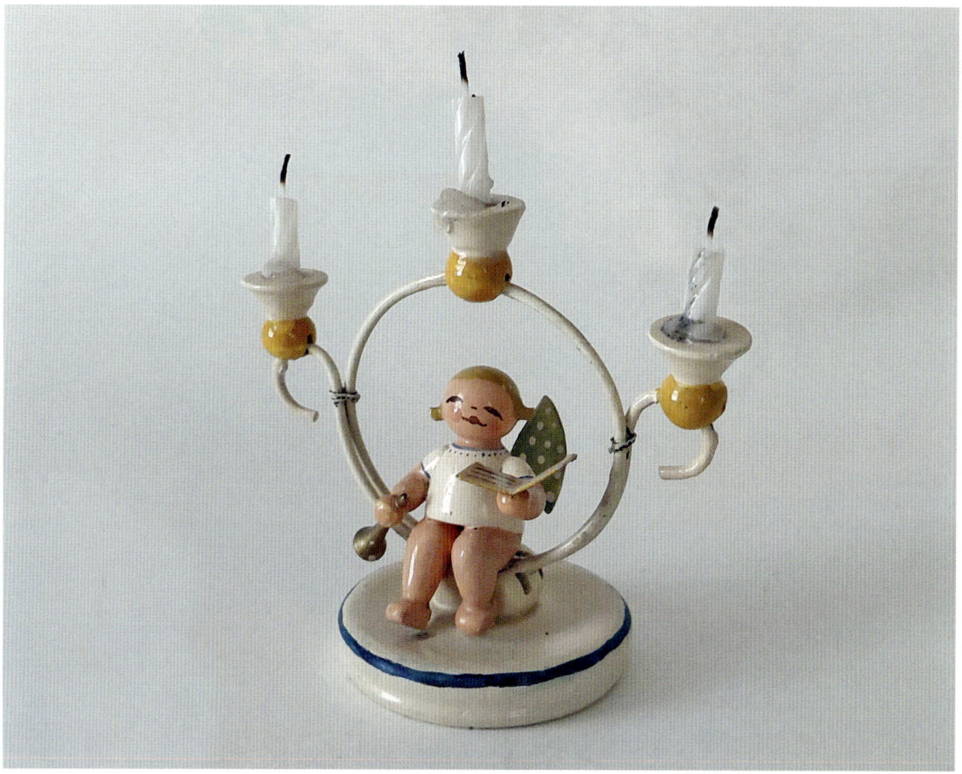

Dieser kleine Musikant stammt aus der Produktion von vor 1935.

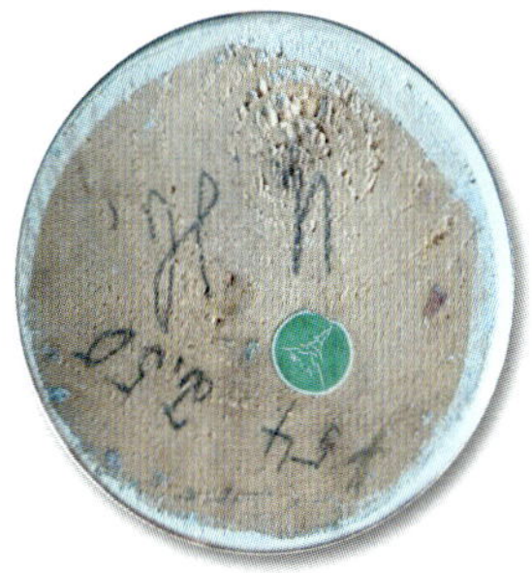

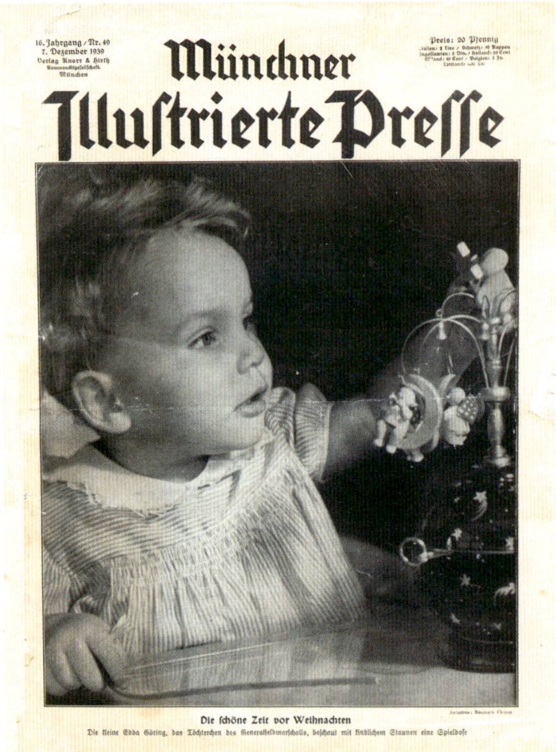

16. Jahrgang / Nr. 49
7. Dezember 1939
Verlag Knorr & Hirth
Kommanditgesellschaft
München

Münchner Illustrierte Presse

Preis: 20 Pfennig

Die schöne Zeit vor Weihnachten

Die kleine Edda Göring, das Töchterchen des Generalfeldmarschalls, beschaut mit kindlichem Staunen eine Spieldose

„Die kleine Edda Göring, das Töchterchen des Generalfeldmarschalls, beschaut mit kindlichem Staunen eine Spieldose." Das Titelblatt der Münchner Illustrierte Presse, Verlag Knorr und Hirth, München, vom 7. Dez. 1939 ist ein Zeitdokument aus dem Zweiten Weltkrieg.

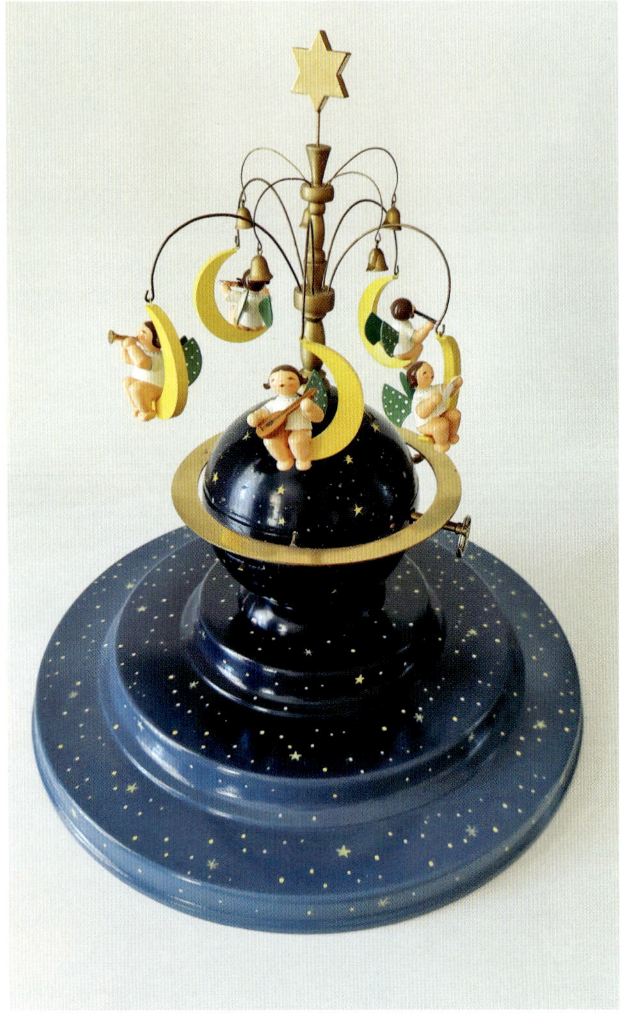

Die Spieluhr „Weltkugel" aus älterer Produktion steht hier auf einer gleichfarbigen runden Wolke.

Christbaumengel

Zunächst sind die kleinen schwebenden Engel nur Ausstattung von Uhren und Spieluhren. Auf der Spieluhr „Weltkugel" sind fünf kleine Engel im Mond mit verschiedenen Instrumenten zu sehen. Später werden die Engel in etwas größerer Form auch als Einzelfiguren angeboten. Mittlerweile gehören die Elfpunkte-Engel auf Komet, Stern oder Schweif zu den schönsten Tannenbaumdekorationen aus dem Hause Wendt & Kühn. Wenn man betrachtet, wie die Engel nicht nur brav im Stern sitzend musizieren, sondern ausgelassen auf einer Sternschnuppe hinabgleitend oder im Mond rittlings auf der Sichel balancierend den Instrumenten Töne entlocken, spürt man die ganze Weihnachtsfreude, die bei der Entstehung der Christbaumengel mitgeschwungen hat. Wie gut dieser Christbaumschmuck auch heute noch beim Publikum ankommt, sieht man daran, dass 36 verschiedene Christbaumengel im aktuellen Angebot geführt werden, zusätzlich 15 sogar im Großformat zum Hängen oder Stellen.

Weitere schwebende Elfpunkte-Engel mit und ohne Instrumente sind als Hängeengel im Angebot der Firma. Dazu kommen die kleinen, zarten Margeritenengel, die, ebenso mit Instrumenten oder kleinen Gaben ausgestattet, für den Christbaum gedacht sind.

Christbaumengel tragen traditionell keine Marken, ihr Alter kann man nur anhand der Farbe und des Korpus zeitlich zuordnen. Bei den älteren Figuren sind die Gliedmaßen zuweilen etwas dicker und nicht ganz so gleichförmig wie aus der heutigen Produktion.

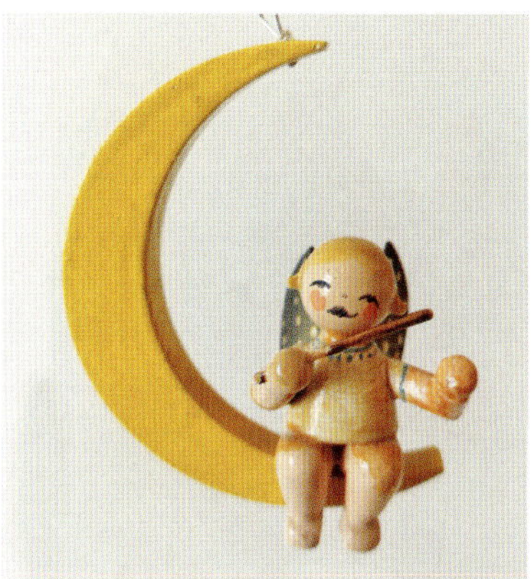

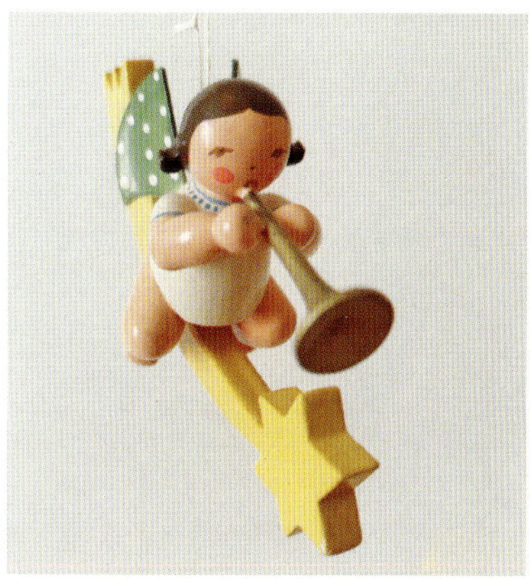

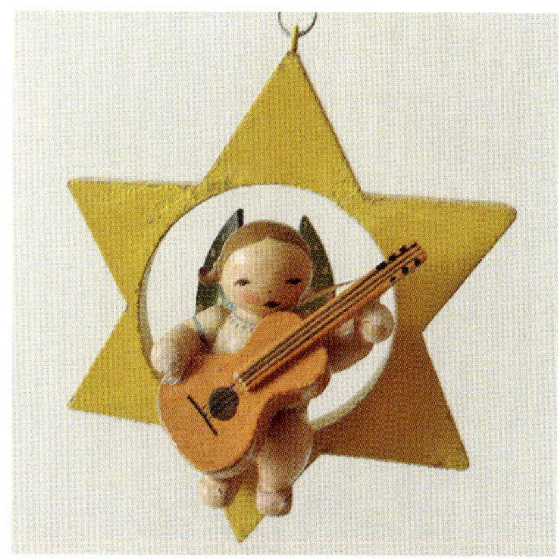

Die Strandkinder

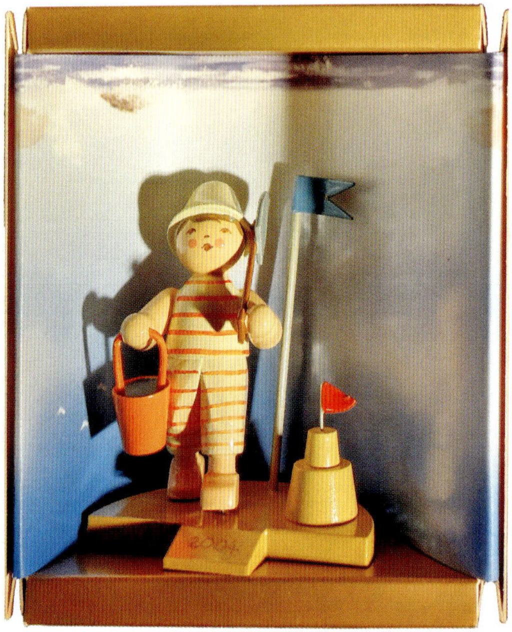

Ein Entwurf aus dem Jahr 1930 von Grete Wendt war die Grundlage für sechs Kinder in Badebekleidung, hier als eine alte Katalogabbildung. Sie wurden 1937 Teil einer Werbekampagne der Leipziger Firma Vasenol in Verbindung mit dem Produkt „Vasenol Sonnenbrand-Puder". Diese Figuren sind äußerst rar. Erst in den Jahren 2004/2005 wurden zwei Strandkinder, auf Sockel mit kleinen Strandspielzeugen sowie einem Segelboot, einer Fahne und zwei Fischen, als Jahresfiguren in einer Schmuckverpackung mit Hintergrundbild als exklusive Ausgabe in limitierter Auflage direkt in den Geschäften von Wendt & Kühn angeboten. 2006 folgte dann die Figur des Mönchguter Fischers mit seinen typisch weiten Fischerhosen.

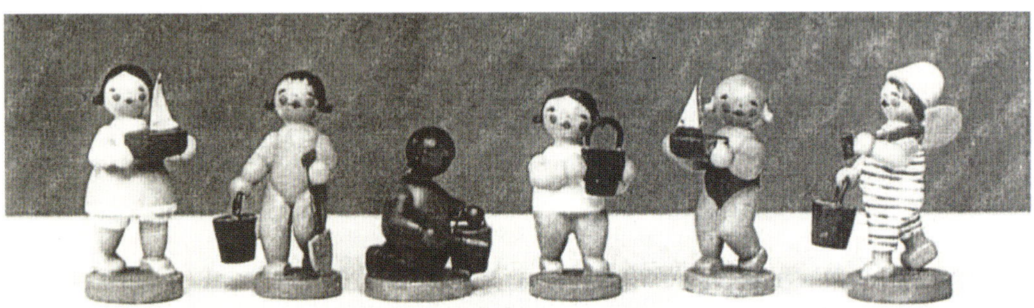

244/1 — **–/2** — **–/3** — **–/4** — **–/5** — **–/6**

Schlittenkinder

Zu den Schlittenkindern gehören auch die kleinen Kinder auf Skiern, historisch als Schneeschuhfahrer bezeichnet. Dieser Entwurf von Grete Wendt aus dem Jahr 1933 scheint dem schneereichen erzgebirgischen Winter wie aus dem Leben gegriffen zu sein. Man konnte sie mit blauem oder weißem Pullover zuletzt bis 2008 kaufen. Die farbenfrohe Bemalung der Figuren geht auf die Gestaltung von Olly Wendt zurück. Etwa zur gleichen Zeit entstanden die Schlittenengel, sie rodeln geradezu in halsbrecherischen Haltungen: sitzend, auf dem Bauch und ganz fein mit Muff. Die ältesten Ausfertigungen der Engel rodeln teilweise noch auf den alten blockartigen Schlitten. Wie sehr die Käufer sich mit diesen Schlittenkindern an ihre eigene Kindheit erinnert fühlen, konnte man beim Kauf erleben. Sie suchten sich einen dieser Engel nach ihren eigenen Rodelvorlieben aus: Wenn sie z. B. selbst gern auf dem Bauch liegend den Berg runtergesaust sind, so musste es natürlich diese Figur sein. Die kleinen Schlitten wurden früher von der bekannten Firma Leichsenring aus Seiffen gefertigt. Zurzeit sind beide Gruppen nicht lieferbar.

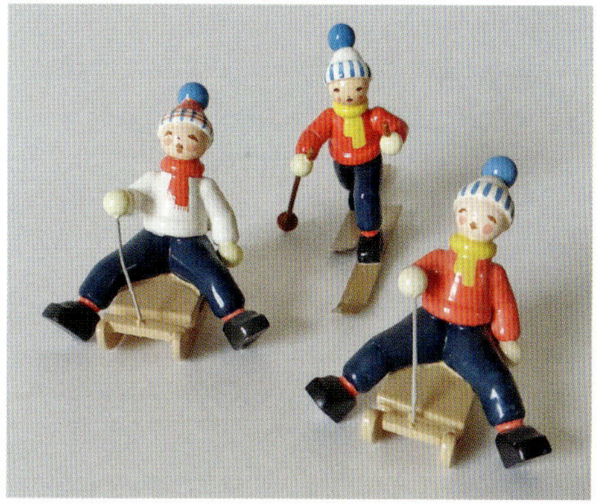

Schlittenkinder und Schlittenengel aus alter und jüngerer Produktion.

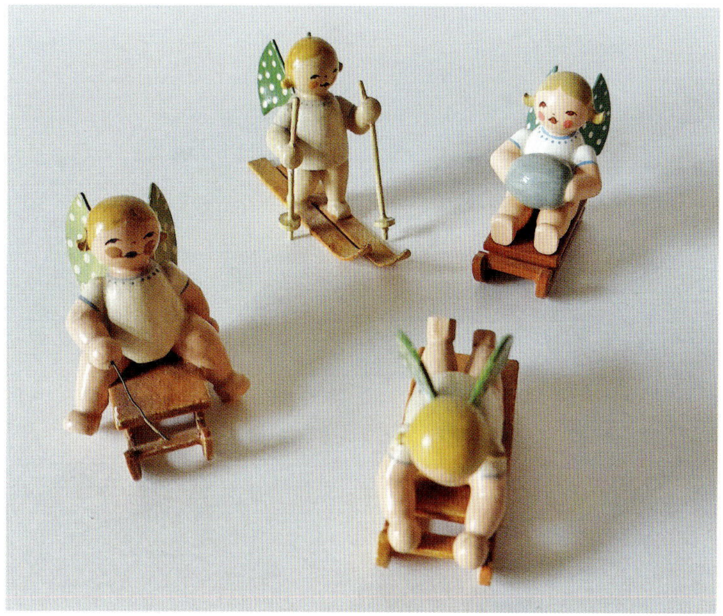

Trachtenfiguren

Der Tiroler Umzugswagen wurde bereits vor dem Krieg hergestellt, im Gegensatz zu dem hier abgebildeten Objekt wurden damals die Speichen der gelben Räder in Sternform gefertigt, wie bei den Engelwagen auf S. 27.

1933/1934 hat Grete Wendt die Schwälmer Tracht mit dem weiten Rock und der typischen roten Haube für die unverheirateten Frauen in Hessen künstlerisch umgesetzt. In gleicher Größe entstand in dieser Zeit ein Schwarzwälder Trachtenpaar, auch hier mit der typischen Kopfbedeckung, dem Bollenhut mit roten Wollpompons. Auch hier handelt es sich um die Farbvariante für unverheiratete Frauen, nach der Hochzeit zieren schwarze Bollen den Schwarzwald-Hut.

Die Spieluhren mit den jeweiligen Figuren entstehen erst Ende der 1950er-Jahre. Erstaunlicherweise erhält der Betrieb 1985 gerade für diese beiden Spieluhren auf der Leipziger Herbstmesse eine Auszeichnung für Traditionspflege vom Verband „expertic“, dabei wurde hier Tradition aus dem für die meisten DDR-Bürger unerreichbaren Westen gezeigt. So sind die beiden Spieluhren vermutlich hauptsächlich als Exportware für den westdeutschen Markt produziert worden. Beide Figurengruppen und Spieluhren sind schon lange nicht mehr im lieferbaren Programm enthalten.

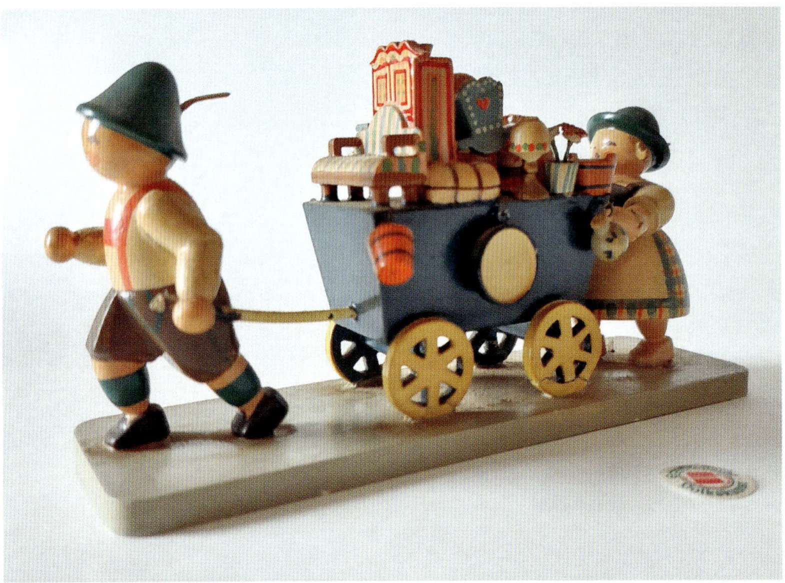

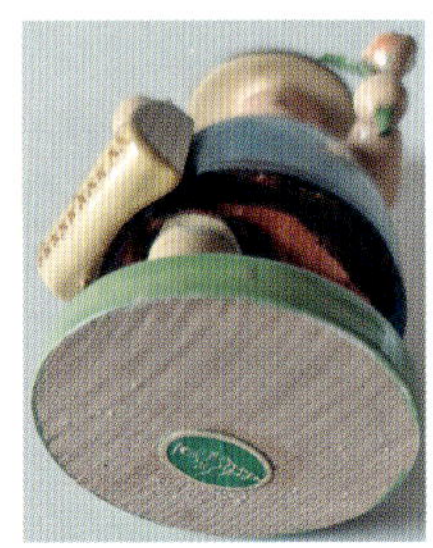

Produktion ab 1946.

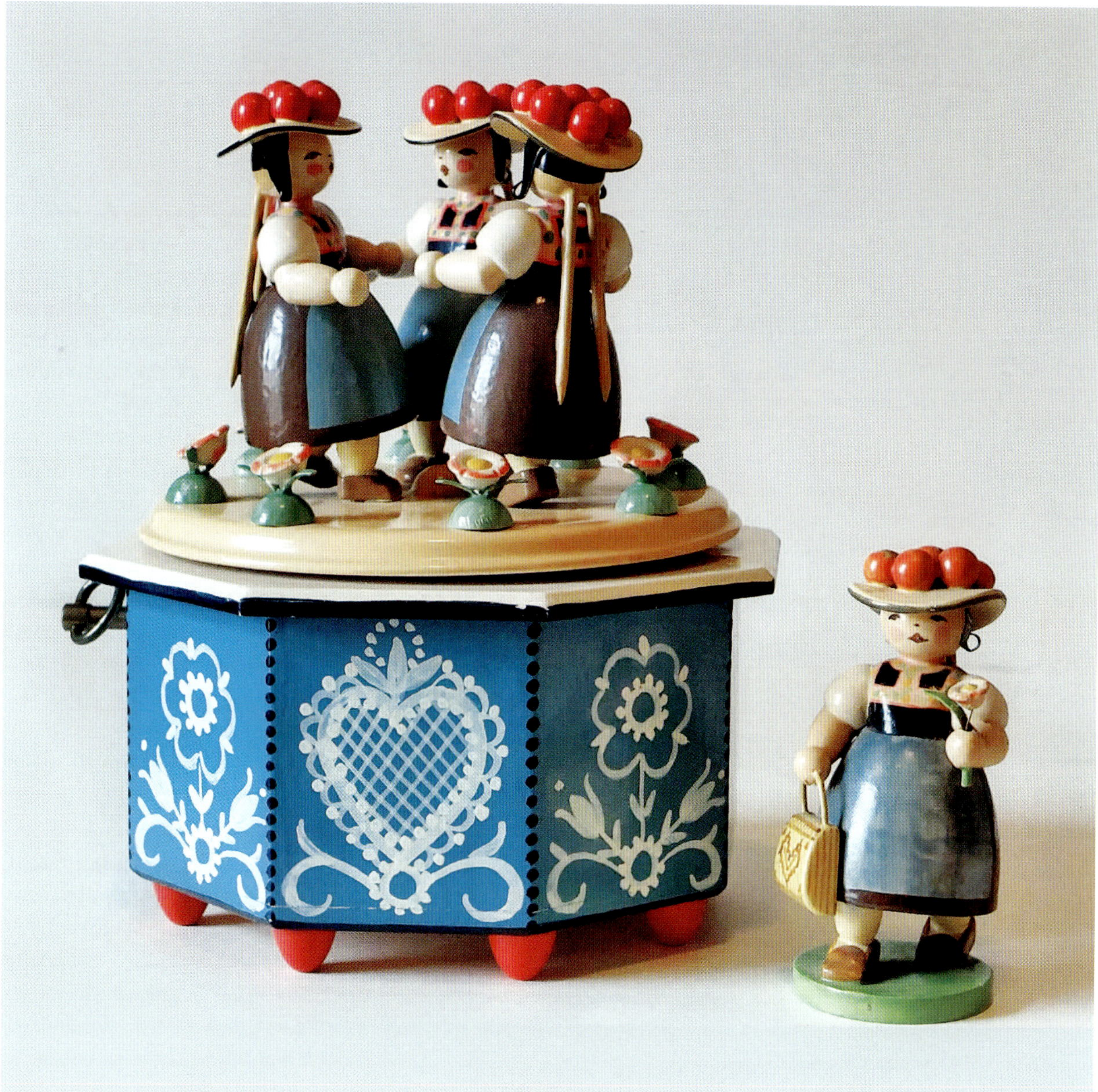

Die Weihnachtsgaben der Wanderer-Werke

Auf der Weihnachtskarte der Wanderer-Werke aus dem Jahr 1940 werden alle Figuren der Weihnachtsgaben der Jahre 1935 bis 1939 abgebildet.

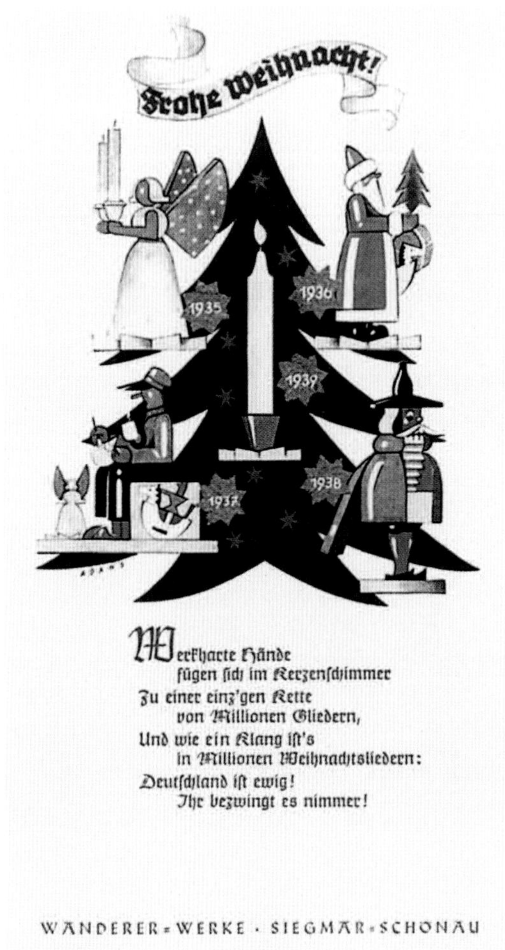

Der Spielzeugmacher wurde als Auftragsarbeit für die Wanderer-Werke in Chemnitz 1937 von Grete Wendt entworfen, ebenso wie vier weitere Figuren. Die Wanderer-Werke, 1894 in Chemnitz gegründet, stellten Fahrräder und Motorräder her, ebenso Haushalts- und Schreibmaschinen, ab 1905 bauten sie auch Autos. In den Jahren 1935 bis 1939 ließen sie bei Wendt & Kühn als Weihnachtsgaben für ihre Mitarbeiter folgende Figuren herstellen: 1935 einen Engel, 1936 einen Weihnachtsmann, 1937 den Spielzeugmacher, 1938 den Nussknacker „Räuberhauptmann" und 1939 einen kleinen Kerzenhalter. Den Figuren wurden jeweils bis zu drei 5-Reichsmark-Stücke beigelegt, die sich im Sockel oder einer angehängten Spanschachtel verbargen. Die Anzahl der Münzen bemaß sich nach den Jahren der Betriebszugehörigkeit. Beim Spielzeugmacher, einer Räucherfigur, kann man diesen zusammen mit der Bank vom Unterteil abheben, dann wird der Behälter für die Münze sichtbar, der Behälter diente gleichzeitig der Aufnahme einer Räucherkerze.

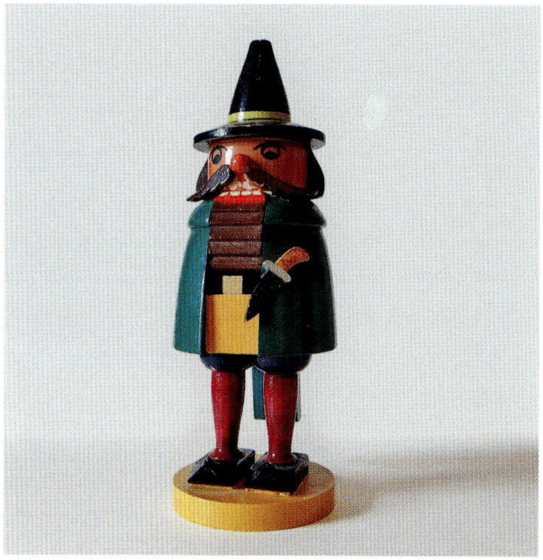

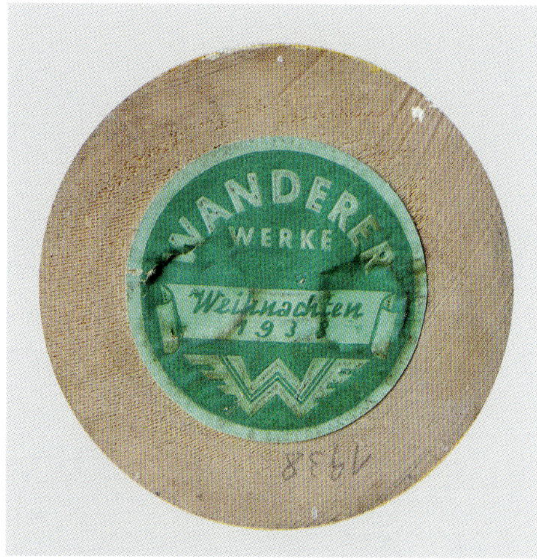
WANDERER
WERKE
Weihnachten
1938
W
1938

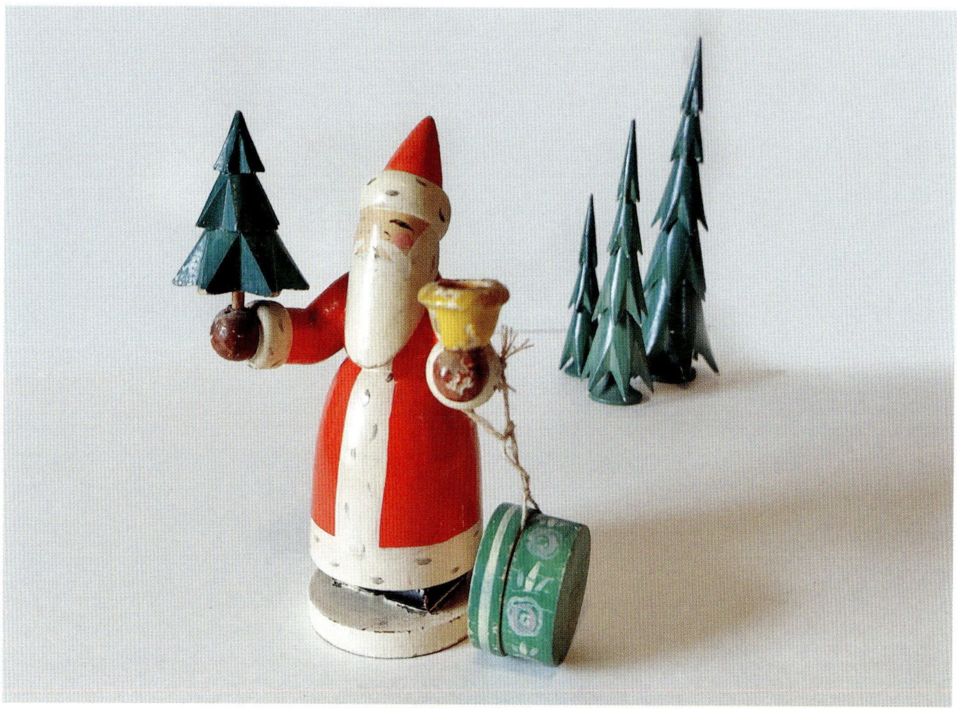

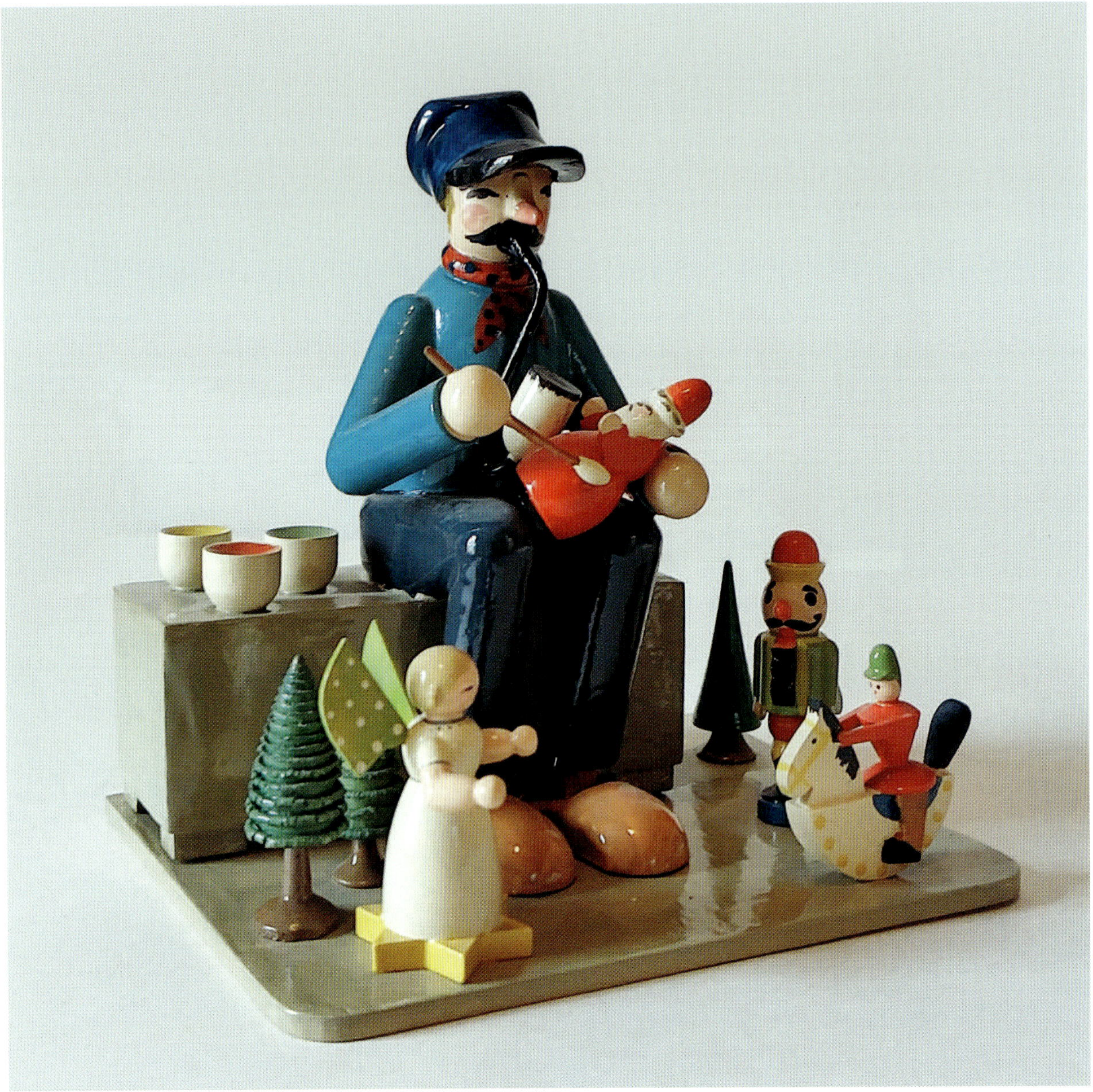

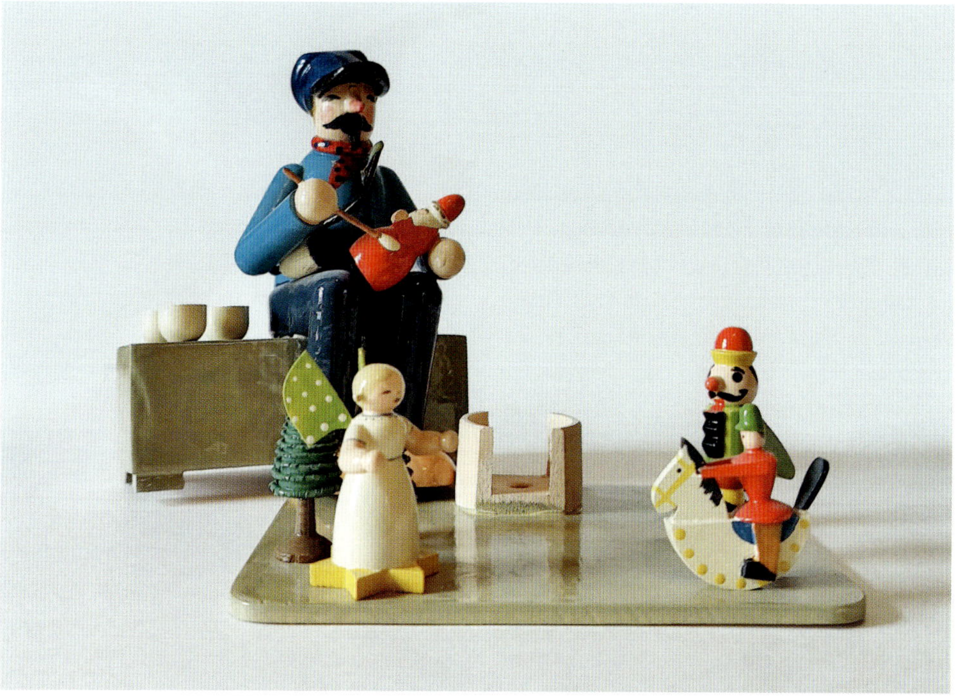

Die Spielzeug-Figuren zu Füßen des Spielzeugmachers sind ein typisches Beispiel dafür, dass alte Entwürfe wieder aufgegriffen werden und in leicht veränderter Form erneut auf den Markt kommen. Diese vier Figuren wurden von 2019–2022 als limitierte Jahresfiguren auf gelbem Stern angeboten. Wobei der Nussknacker und das Reiterlein in der vorliegenden Form aus der erzgebirgischen Volkskunst bekannt sind, aber bisher von Wendt & Kühn nicht als Einzelfiguren angeboten wurden. 2023 folgt der Rillenbaum auch auf einem Stern stehend.

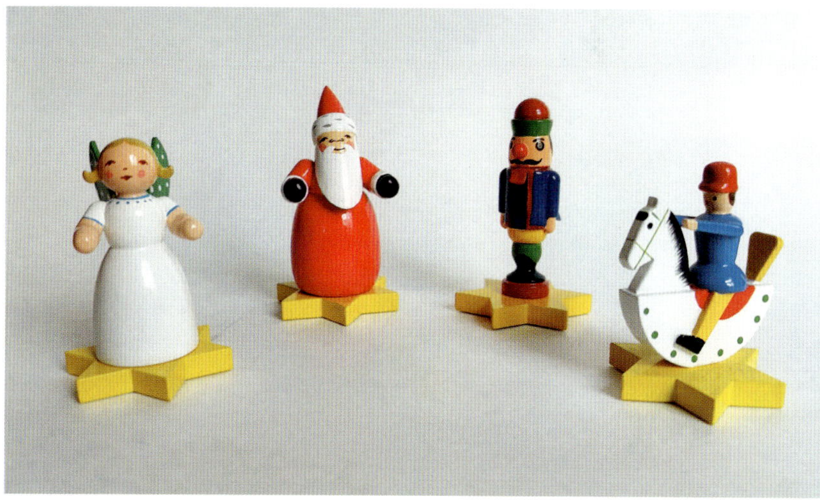

Lampionkinder

Lampionkind mit japanischer Laterne aus jüngerer Produktion.

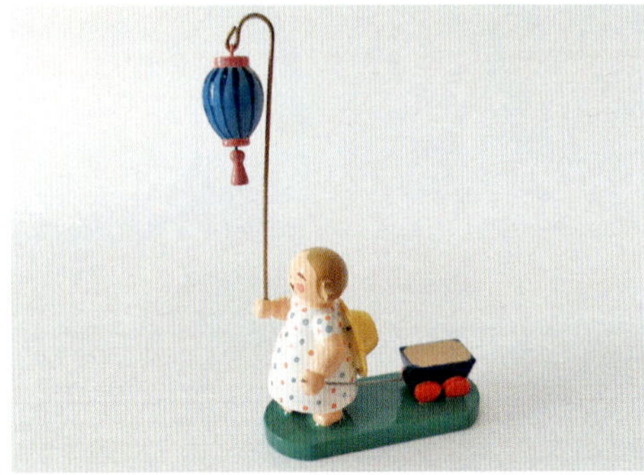

Die Lampion- oder Laternenkinder stellten wie die erste Blumenkindergruppe eine Kinderschar unterschiedicher Größe dar. Sie wurden 1937 von Grete Wendt entworfen und haben auch den Leipziger Vasenolwerken als Figuren für die Werbung gedient. Sicherlich eine besonders passende Figurengruppe für eine Wund- und Heilmittel herstellende Firma. Besonders reizvoll sind die verschiedenen Laternen, das kleine Mädchen trägt sogar einen japanischen Lampion. Sie gehören zu den über einen langen Zeitraum produzierten Figuren. Nachdem die Figuren schon von 2006 bis 2013 nicht mehr produziert wurden, gehen sie nun nach erneuter kurzzeitiger Fertigung aus dem lieferbaren Programm.

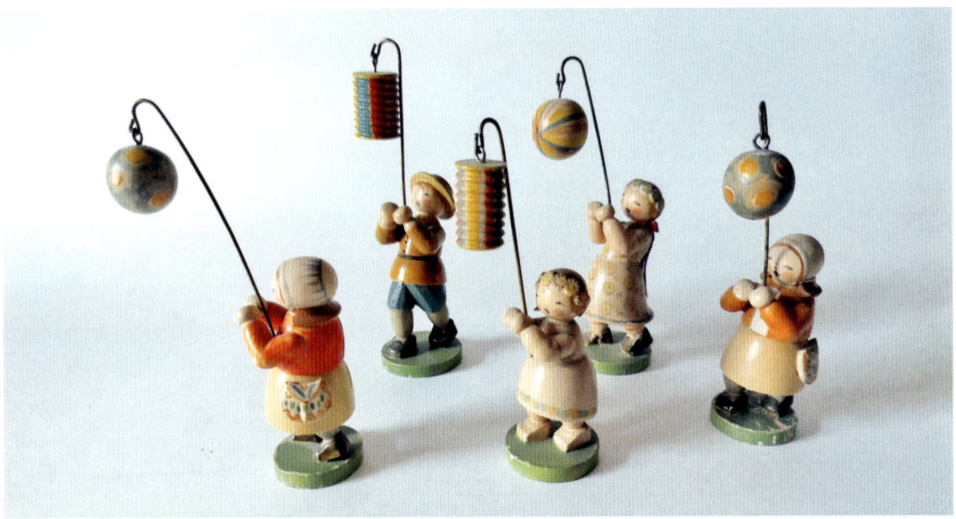

Die Lampionkinder-Gruppe besteht insgesamt aus sechs Figuren. Der hier gezeigte Satz stammt aus der Zeit von 1949 bis 1972.

Lampionengel

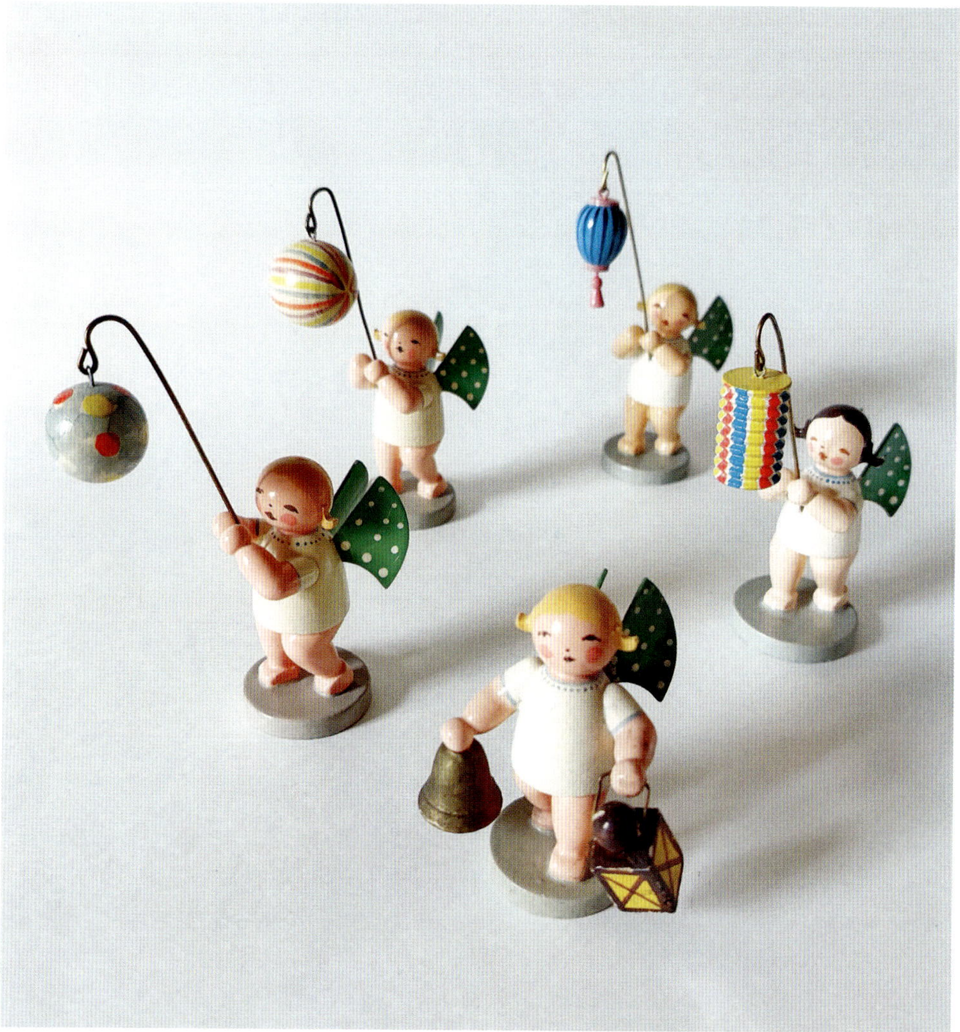

Die Lampionengel ausgestattet mit den gleichen Lampions, hier aus der Produktionszeit ab 1946.

Die Mondfamilie

Mit der Mondfamilie wird im Jahr 1925 ein weiterer Entwurf von Olly Sommer umgesetzt. Im Katalog von 1958 wird die Gruppe, bestehend aus sechs Figuren, gezeigt. Der Engel mit zwei kleinen Kerzenhaltern für echte Kerzen wird in den 1980er-Jahren durch ein weiteres kleines Sternenkind bei späteren Produktionen ersetzt. Erst im Angebot von 2022 wird die Gruppe aus Sonne, Mond und Sternen wieder vollständig angeboten. Anfänglich trugen die beiden größeren Sternenkinder jeweils einen Strahlenkranz mit acht Strahlen. Auch die Zeichnung des Mundes variiert, es gibt Sternenkinder mit leicht geöffneten Lippen. Heute werden alle Sternenkinder nur noch mit einem Kranz aus sechs Strahlen gefertigt, außerdem tragen die Kerzenhalter kleine Holzkerzen. Die Mondfamilie gehört aktuell zum lieferbaren Programm.

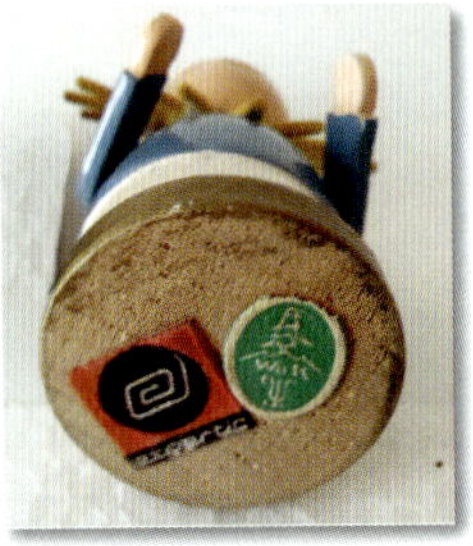

Die hier gezeigte Gruppe trägt als Bodenmarke den „expertic"-Aufkleber ab 1968 und gleichzeitig die zu der Zeit aktuelle W&K-Marke. Das Sternenkind mit zwei Lichtnäpfen stammt aus der Produktion um 1930.

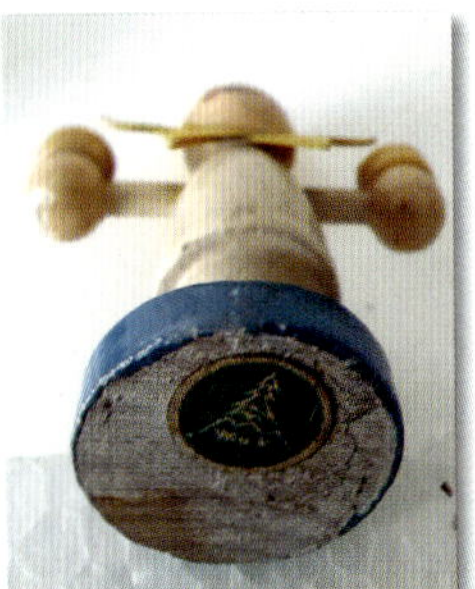

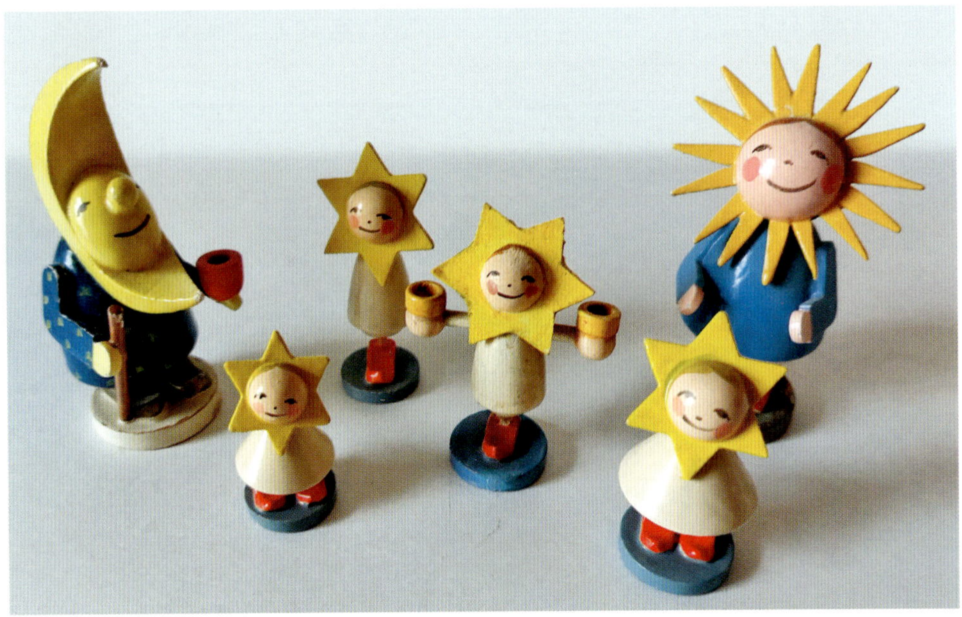

Die Spieldose Mondvater mit Engeln wurde von Olly Sommer 1930 entworfen. Es ist eine Weiterentwicklung einer Spieluhr, auf der sich nur Schäfchen um eine feste Mitte drehten. Wie bei der Figurengruppe war der Mondvater früher nur mit einem Kerzenhalter ausgestattet. Heute trägt er eine kleine Holzkerze in der linken Hand. Auf dem Himmel oberhalb der Schäfchen kann man im Wechsel Engel und Sterne auf kleinen Wolken sitzen sehen. Die Spieluhr spielt die Melodie: „Wer hat die schönsten Schäfchen“ und stammt aus der Produktion ab 1946.

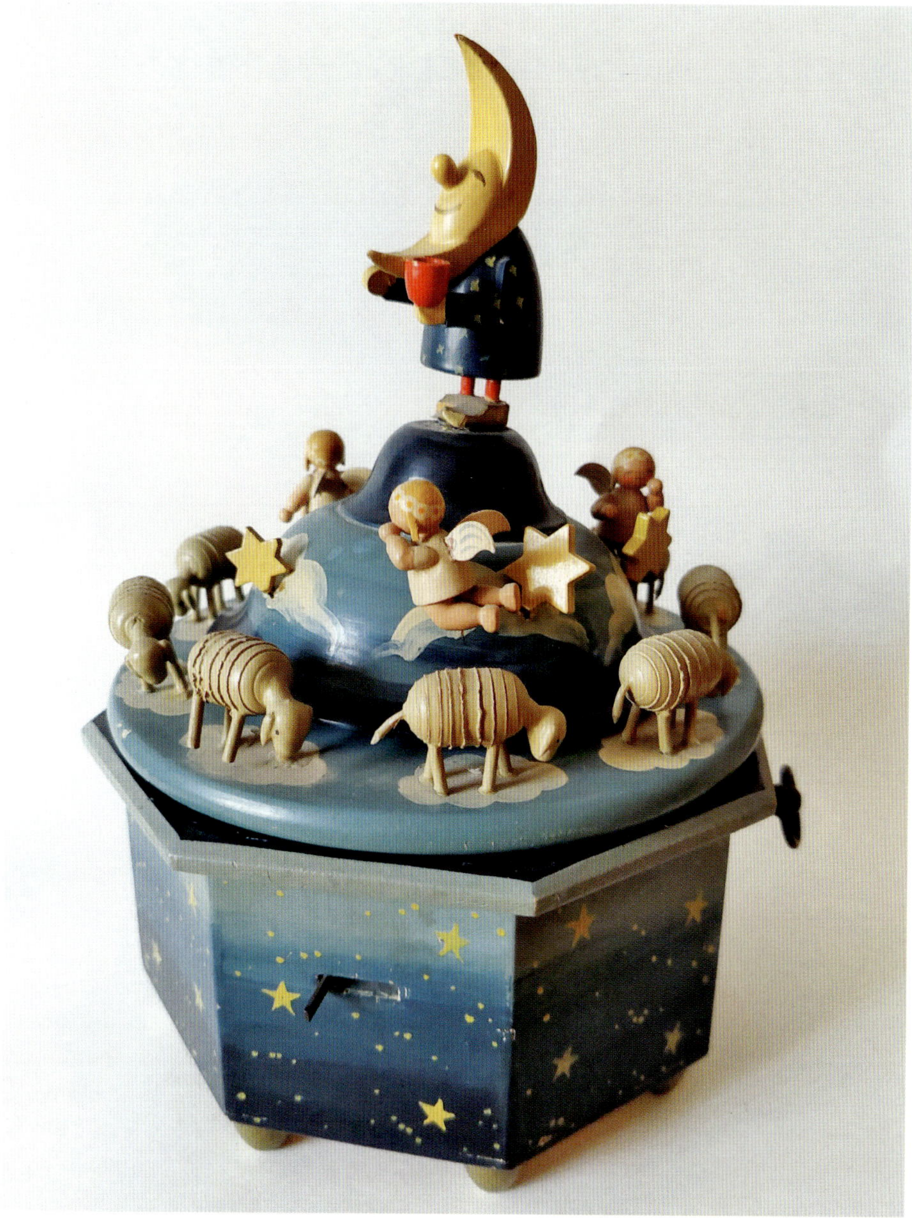

Spielzeugengel auf Sternsockel

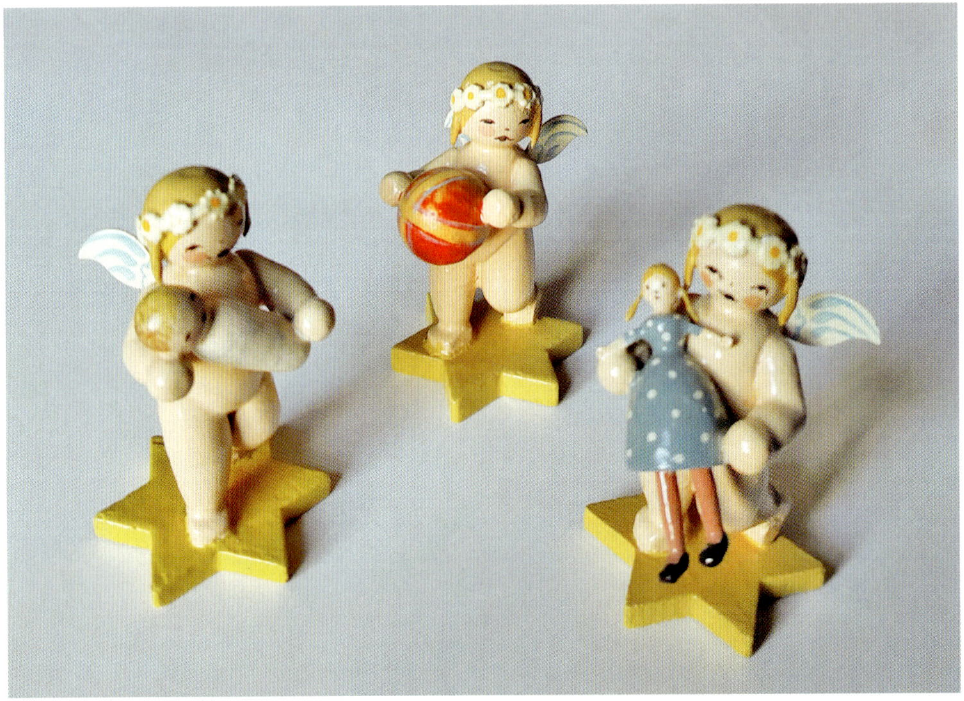

Zu den nackten Engeln gehören neben den Wanderengeln auch die Engel auf gelbem Sternsockel. Ihr Entwurf von Olly Sommer geht vermutlich auf das Jahr 1929 zurück. Angeboten werden zunächst drei Engel mit Laute, Triangel und kleinem Schaukelreiter, das Trio wird bereits im Dezember 1929 um sechs Figuren erweitert: Engel mit Kerze und Brezel, Engel mit Schaukelpferd, Engel mit Baby, Engel mit Buch, Engel mit Puppe und Engel mit Ball. Diese Spielzeugengel finden sich nur bis ins Jahr 1938 im Angebot. Ab 1958 findet der Begriff Verwendung für die kleinen Margeritenengel mit Spielzeug, die auch von Olly Wendt entworfen wurden.

Wanderengel

Der unternehmungslustige nackte Engel mit einem Margeritenkranz im Haar und einer Laute entstand Ende der 1920er-Jahre und trug zunächst die Bezeichnung Wandervogel. Die Figur knüpfte damit an die Wandervogelbewegung an, die zu Anfang des 20. Jahrhunderts die Jugend Deutschlands für die Natur begeisterte. Der kleine Vogel, der den Engel begleitet, lässt erahnen, wie nah man der Natur auf diesen Wanderungen kam, ein Entwurf von Olly Sommer um 1929. 1937 wurde eine Gruppe mit drei Engeln angeboten, neben dem Engel mit der Laute wurde im Katalog ein Sänger mit Liederblatt und ein weiterer mit einer Querflöte abgebildet, alle von einem kleinen Vogel begleitet. Zur selben Zeit wurde eine Spieluhr mit dem nackten Engel mit Laute angeboten. Er stand ganz oben auf einem mit lauter Vögeln besetzten Baum.
Die nackten Engel entsprachen durchaus dem damaligen Zeitgeist. Auch zwei große, mit Kurbeln angetriebene Spieluhren wurden mit den nackten Engeln dekoriert: auf der ersten tanzen die Engel ausgelassen rund um einige Schneeglöckchen in den Frühling, auf einer weiteren Spieluhr sind sie mit Instrumenten als Musikanten unterwegs.

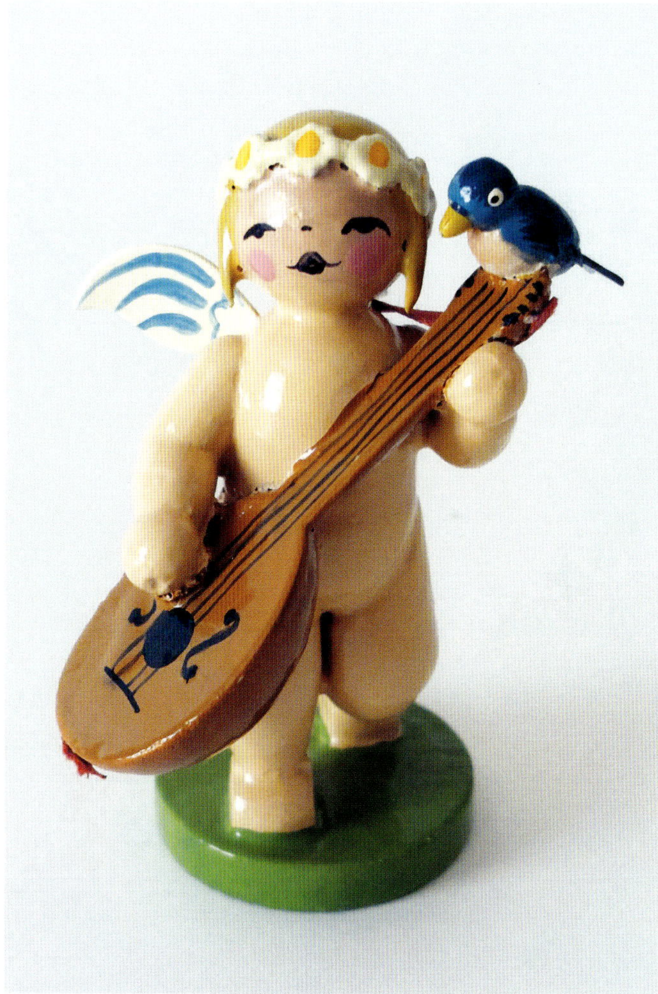

Margeritenengel

Margeritenengel mit Lamm, hier im Vergleich die historische und jüngere Variante. Der größere Engel ist noch mit dem Stempel der Baumsilhouette gemarkt.

Mit den Entwürfen zu den Margeritenengeln kommt eine weitere Engelvariante auf den Markt, die über die Jahre zu einem weiteren großen Sammelgebiet anwächst. Die Entwürfe für die Margeritenengel stammen von Olly Sommer, die mit ihren teilweise noch zarteren Figuren und der ganz besonderen Malerei zu einer ebenbürtigen Künstlerin neben Grete Wendt geworden war. Die Engel mit einem Margeritenkranz mit Stern und Lichtnapf entstanden wohl 1925, der Engel mit Lämmchen und Lichtnapf wurde in zwei Größen gefertigt. Der größere Engel wurde sowohl mit Lichternapf als auch mit Lichterkranz für vier Kerzen angeboten. Die kleinere Figur wurde zwischen 2006 bis 2011 wieder ge-

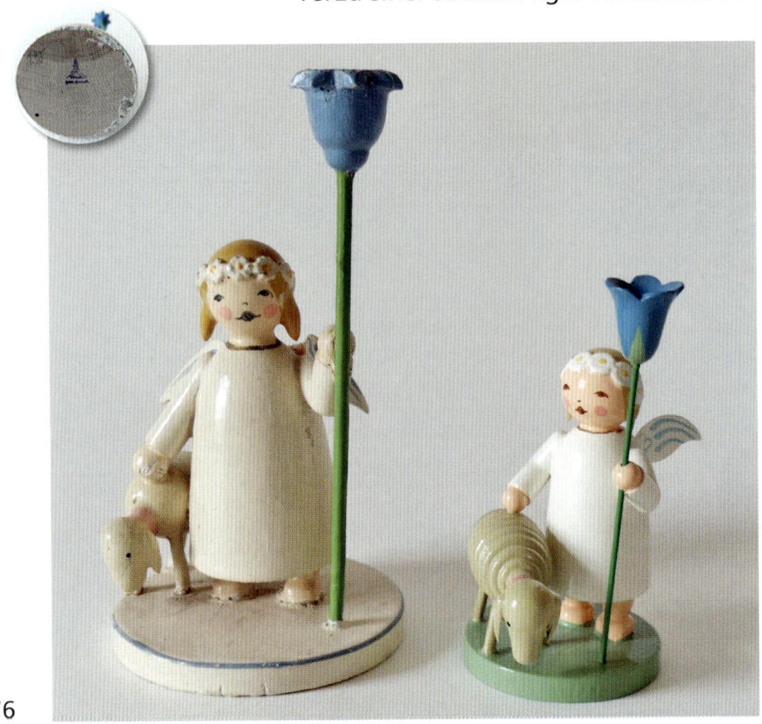

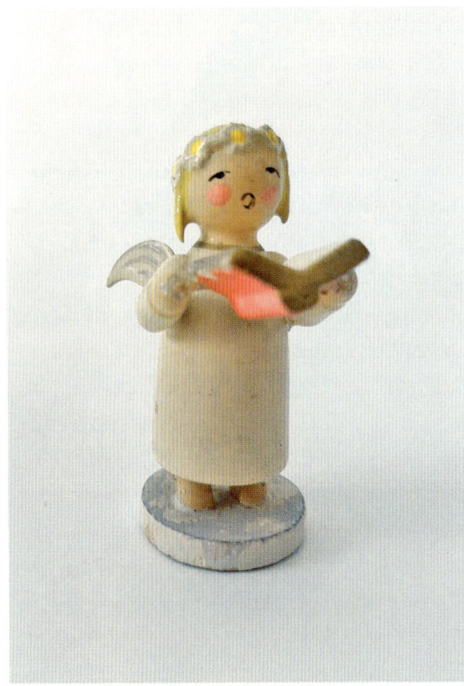

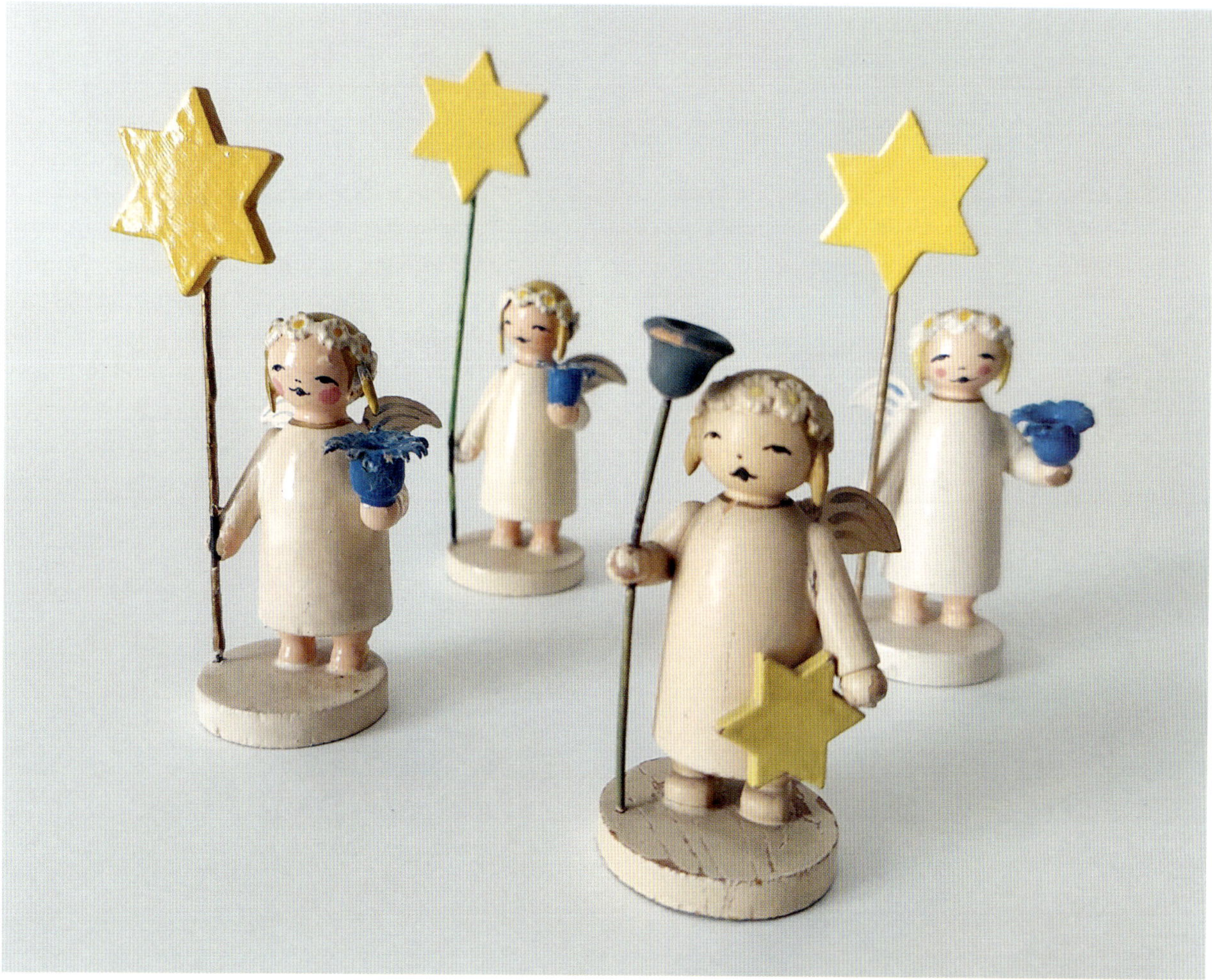

fertigt. In jüngster Zeit wird in dieser Größe ein großer Margeritenengel mit goldenem Herz nach altem Muster wieder produziert. Olly Sommer entwarf diese Engel zwischen 1925 und 1929. Zur Gruppe der großen Margeritenengel gehört eine Figur mit großem Stern in der Hand, mit aufgeschlagenem Buch sowie mit gefülltem Korb und mit Lichtnapf in der rechten Hand. 1933 folgte noch ein Engel mit grüner Gießkanne.

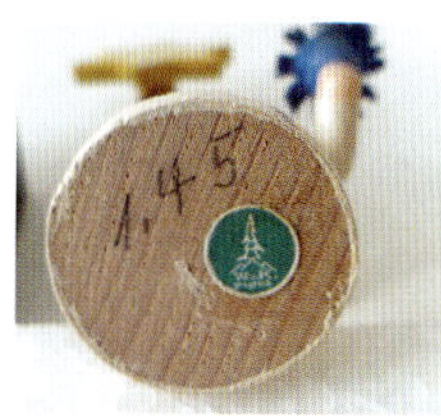

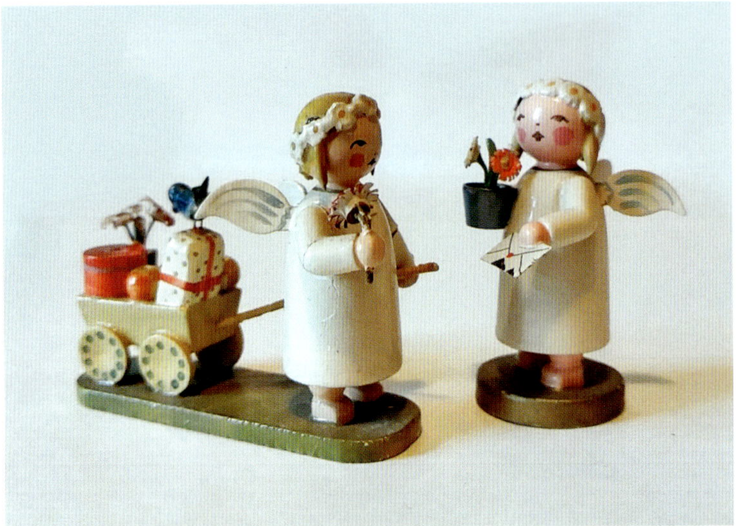

In gleicher Größe entstehen Margeritenengel mit Wagen voller Geschenke sowie mit einem mit geschmückten Tannenbaum beladenen Schlitten. Die hier gezeigten Figuren stammen aus der Produktionsphase um 1930.
Die Geburtstagsengel wurden als Paar mit Zahlensatz angeboten. Wobei dann je ein Engel mit Zahl in der linken und einer mit Zahl in der rechten Hand zusammengehören. Die blaue Glockenblume wird in der anderen Hand gehalten. Die unten gezeigten Engel stammen aus der Zeit um 1950.

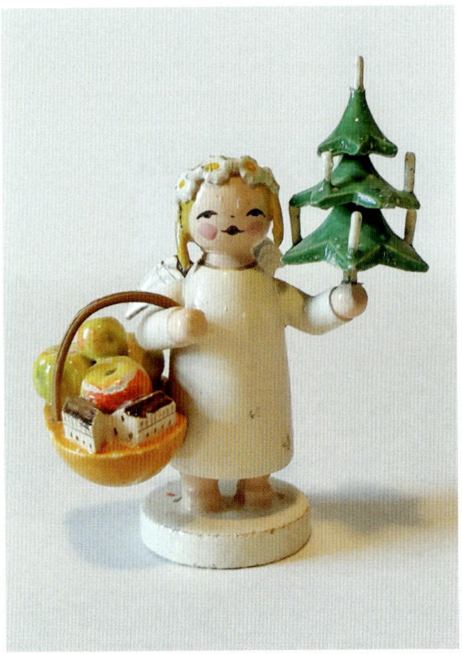

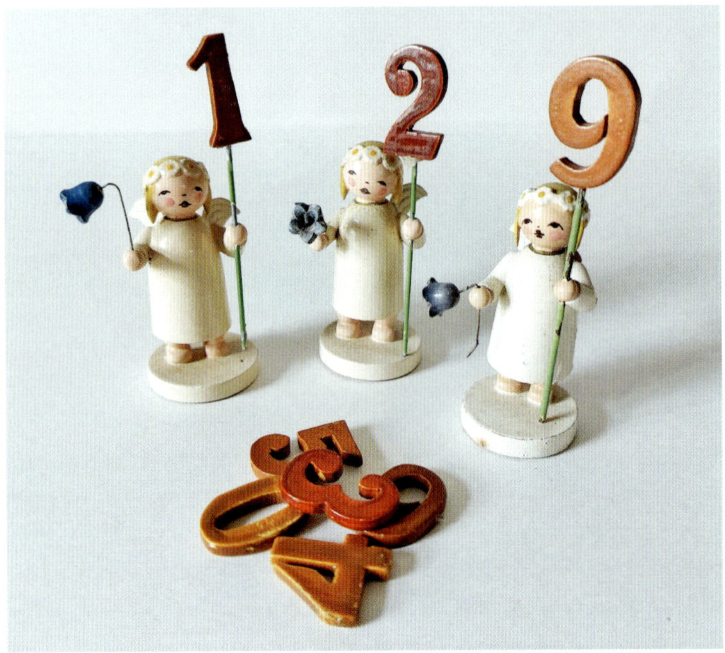

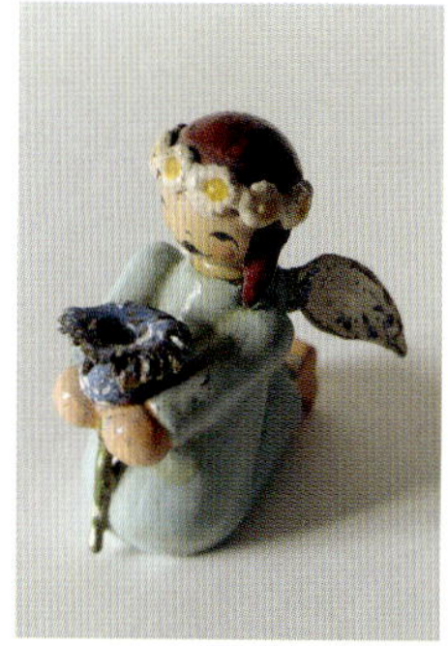

Dieser Engel mit Blume als Kerzenhalter wird in einem Katalog von 1937 in zwei Größen angeboten. Allerdings hat er sein ursprünglich weißes Gewand gegen ein himmelblaues getauscht.

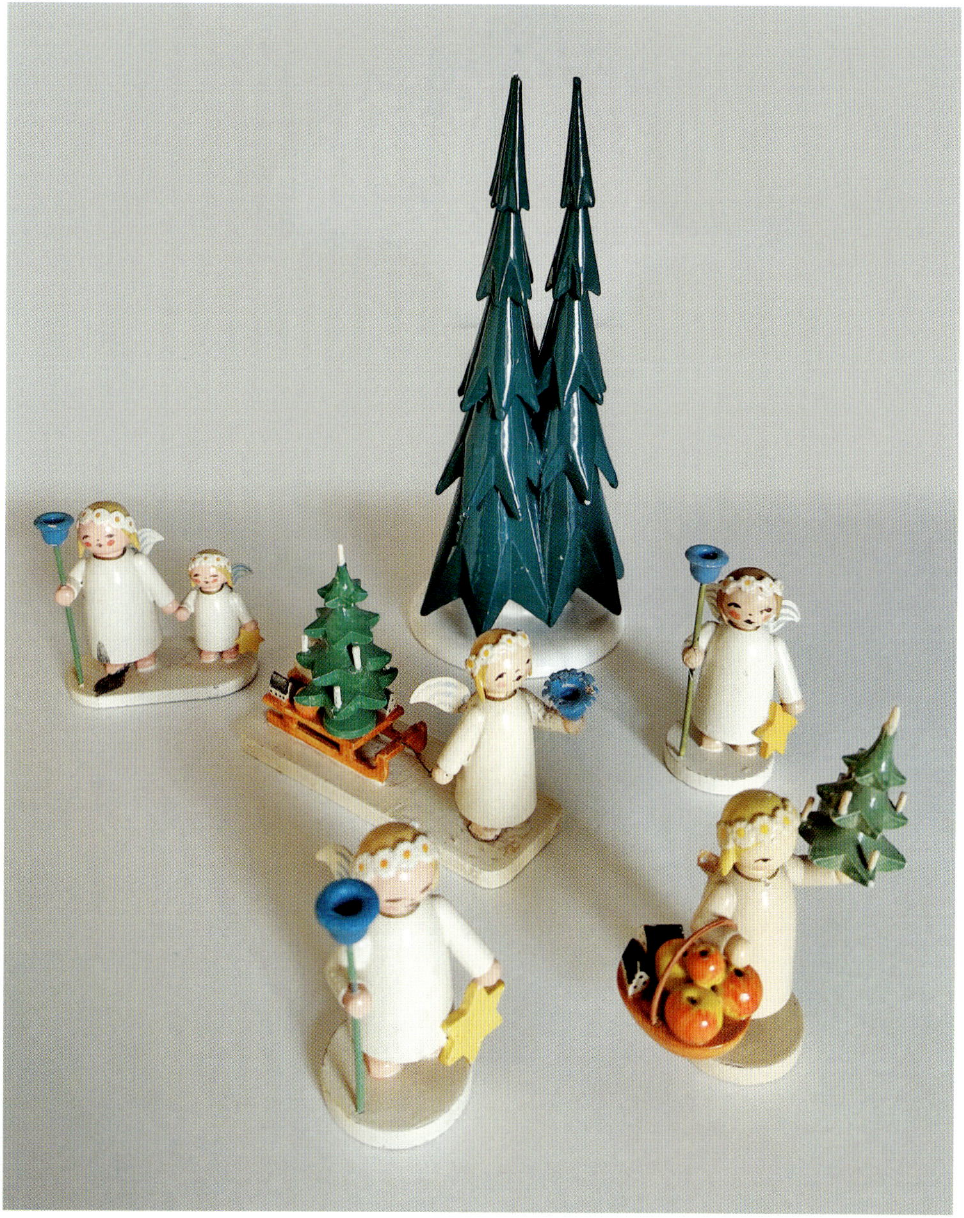

Engelschar auf dem Weg zur Bescherung. Bis auf den Engel mit Baum und Korb tragen alle Engel einen Napf für echte Kerzen. Die Bodenmarke zeigt die Produktionszeit um 1930.

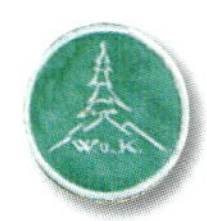

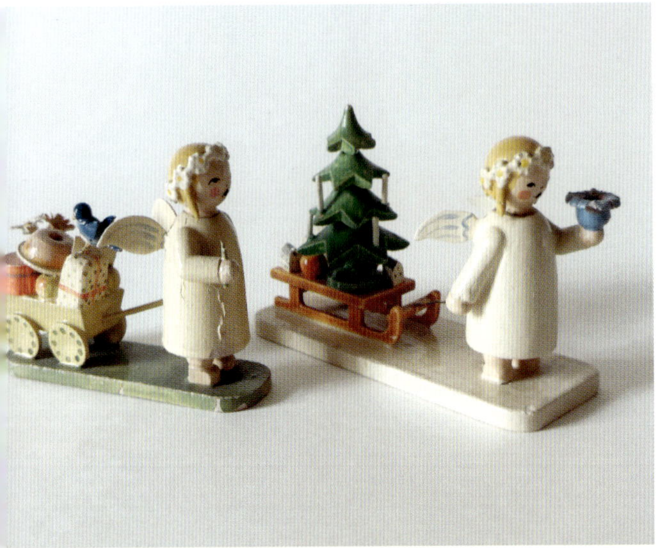

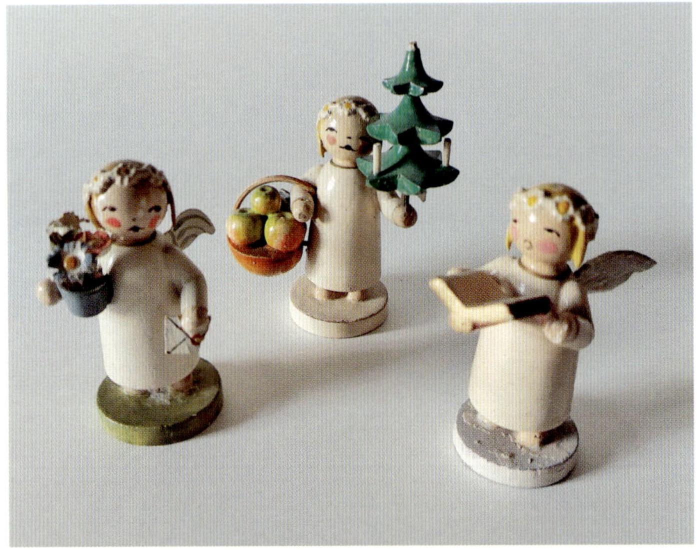

Diese Margeritenengel stammen aus der Produktionszeit um 1930.

Im Laufe der Zeit ist das eine oder andere Detail abgebrochen oder verloren gegangen.

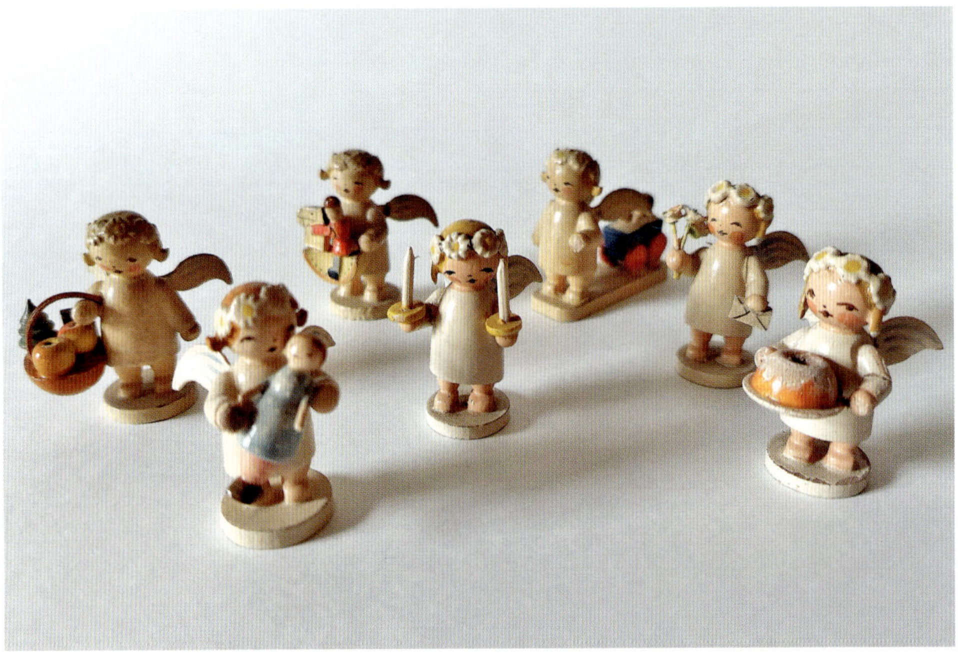

Eine weitere kleine Form wurde von Olly Wendt entworfen, es sind drei kleine Geschenkeengel mit dem typischen Margeritenkranz. Diese Engel werden laut Katalog erst 1933/34 angeboten. Die Gruppe umfasst zu Beginn drei Figuren: ein Engelchen mit Kuchen, ein weiteres mit zwei kleinen Holzkerzen bestückt und das dritte mit Brief und einen kleinen Blumenstrauß. Nur in der Anfangszeit waren die kleinen Blumenkränze aus geformtem Zinn gefertigt und wurden vor Bemalung auf den kleinen Köpfchen befestigt. Sehr bald schon hatte man eine Firma im Erzgebirge gefunden, die diese Kränze aus geprägter Pappe, sogenannter Dresdner Pappe, nach Maß herstellte.

Bereits im Jahr 1935 wurde diese Serie um sechs weitere kleine, auf Bänkchen sitzende Engel erweitert: Zum Satz gehörten Engel mit Buch, Engel mit Pfefferkuchen, Engel mit Tannenbaum und Kerzenhalter, Engel mit Apfelkorb, Engel mit Schaf sowie Engel mit Spielzeugtruhe. Wurden zu Anfang nur kleine Auflagen produziert, so wurden sie aufgrund von Käuferwünschen 2005 wieder ins Sortiment aufgenommen, sind aber mittlerweile nicht mehr im Angebot. Dafür wurde die Reihe der sitzenden Margeritenengel mittlerweile auf aktuell 21 neue Figuren erweitert.

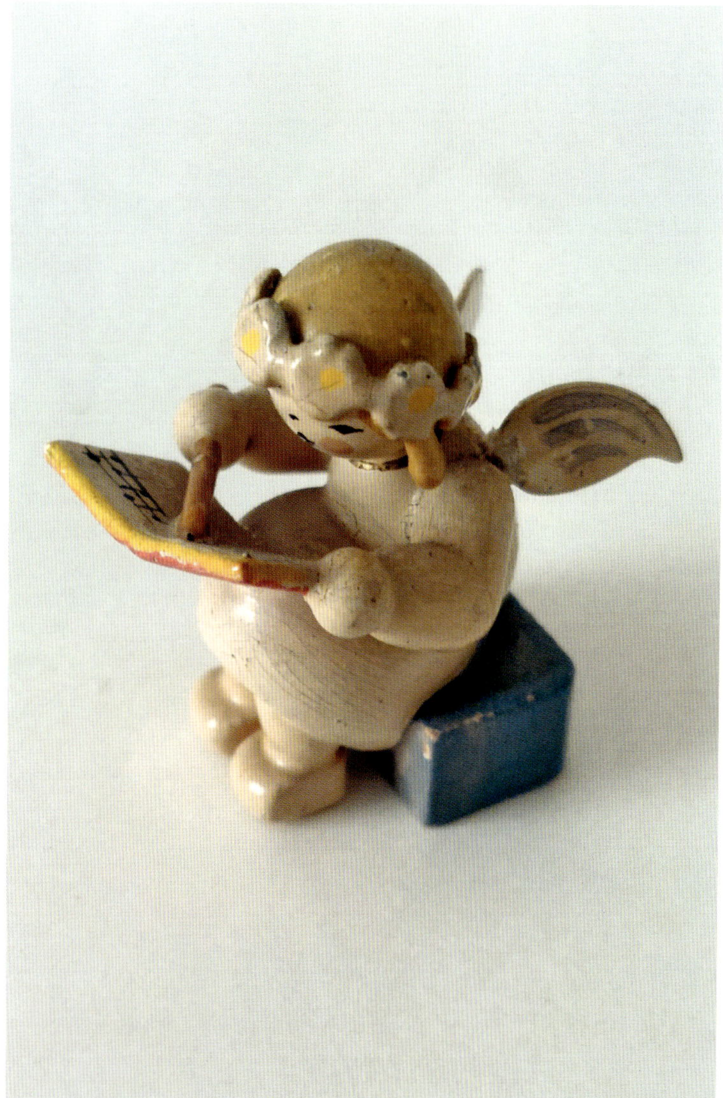

Engel auf Bank mit Stift und Buch. Ob hier gerade eine neue engelhafte Melodie entsteht?

Margeritenengel aus der Produktion der letzten Jahre. Es wurden sowohl alte Entwürfe wieder aufgenommen, als auch neue hinzugefügt.

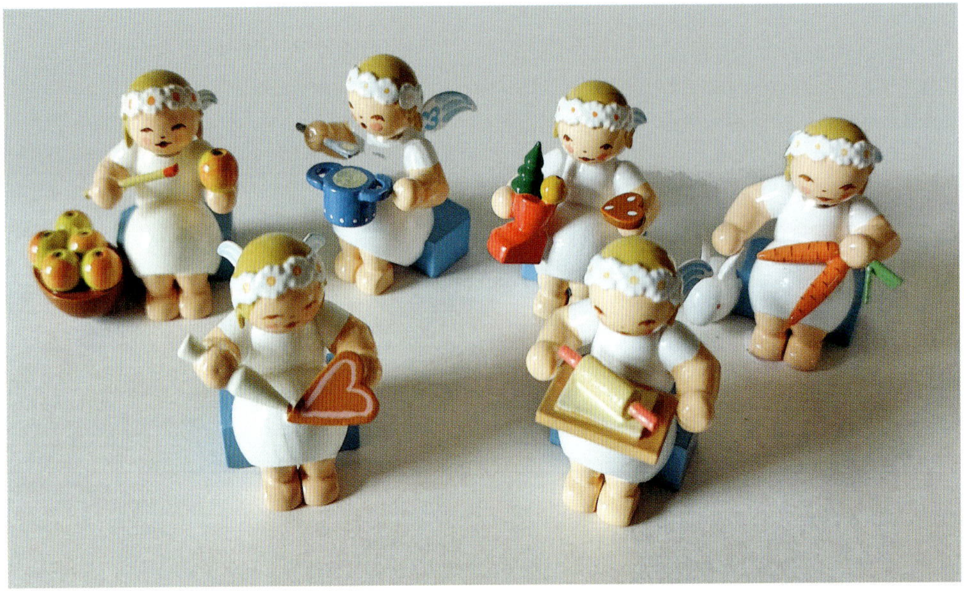

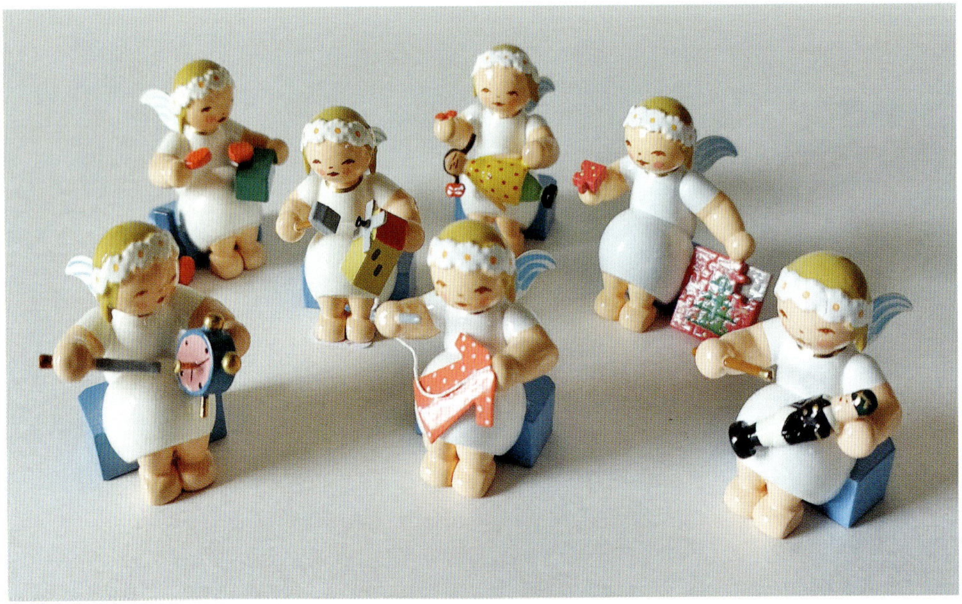

Margeritenengel auf Klemme

Der Entwurf zu den Margeritenengeln auf Klemme stammt ebenfalls von Olly Wendt, aus der Zeit vor 1933. Es ist die Weiterentwicklung eines Margeritenengels mit starren Armen, der offensichtlich gerade eine kleine Pause macht und sich dabei seitlich mit den Armen abstützt. Dieser sitzende und ein Christbaumengel mit Buch in den Händen waren als Christbaumschmuck gedacht. 1983 erscheint ein Satz von sechs Engeln mit Musikinstrument. Letztmalig gefertigt wurde diese Figurengruppe 2007. Die Engel mit dem dicken Buch wurden bereits 2004 aus dem Programm genommen.

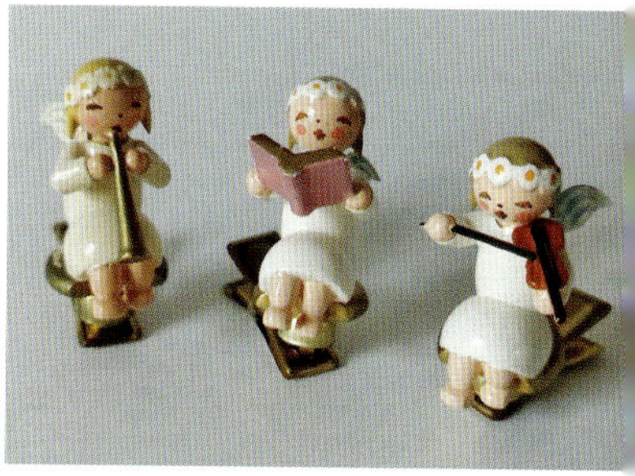

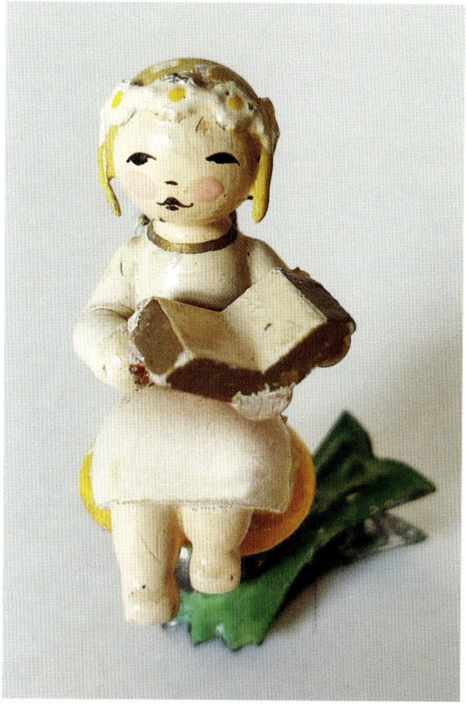

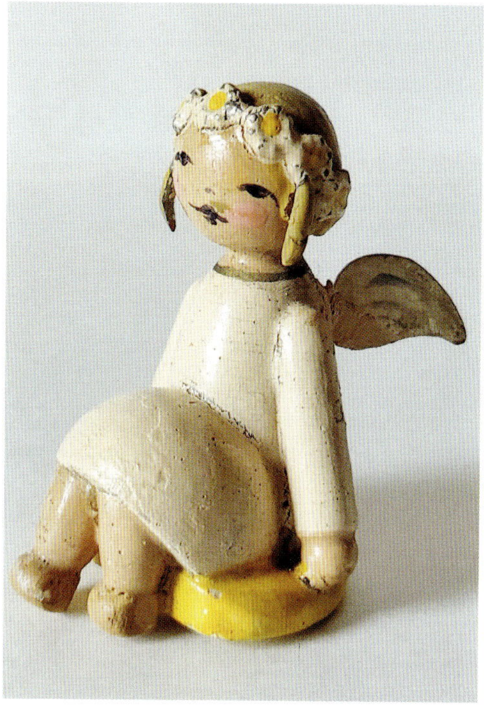

Margeritenengel auf Klemme aus der Produktionszeit bis 2004 bzw. 2007.

Der rechts abgebildete Engel trägt unter dem gelben Sitzkissen die Marke aus der Zeit um 1930, war also noch ein Vorgänger der Christbaumengel.

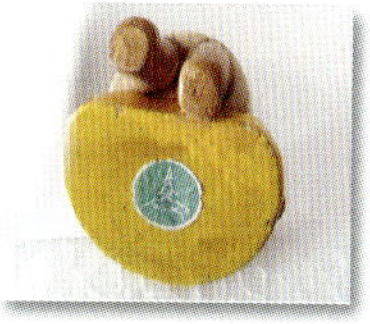

Lichterpyramide

Bei der Pyramide mit zwei farbig gekleideten Margeritenengeln und vier kleinen Schafen handelt es sich um einen Entwurf aus dem Jahr 1930. Durch die Wärme von vier Kerzen angetrieben, drehen sich die Figuren im Kreis, bei jeder Umdrehung berühren die Engel mit einem Stab und den daran befestigten Glastropfen die beiden Glöckchen. Ein zarter Klang ertönt, der nicht nur Kinder in der Adventszeit in eine zauberhafte Stimmung versetzt. Gezeigt wird die ältere Ausführung, bei der die Kerzen dicht am Drehteller stehen. Diese wurde in unterschiedlicher Bemalung des Holzkorpus sowohl in den 1930er-Jahren als auch in den 1950er-Jahren hergestellt. 2004 wurde die Lichterpyramide in leicht veränderter Form für einige Jahre wieder ins Programm aufgenommen. Bei der neuen Ausführung wurden die Kerzenhalter auf die äußeren Ecken des Holzkorpus gesetzt. Die Kombination von Engeln und Schafen ist im Programm von Wendt & Kühn immer wieder anzutreffen, vermutlich entstand die Kombination in Erinnerung an die Engel und Schafe rund um die Weihnachtskrippe.

Gertrud Caspari greift auch diese Figurengruppe, die Margeritenengel in bodenlangem Gewand, für Postkarten und einen großformatigen Steindruck auf. Statt Schafen lässt sie ein Reh im Bild erscheinen.

Zeichnung von Gertrud Caspari, hier als großformatiger Steindruck als Wanddekoration.

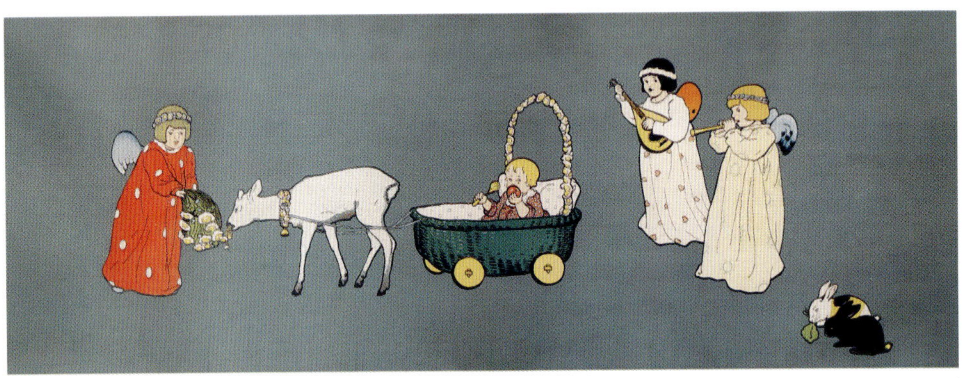

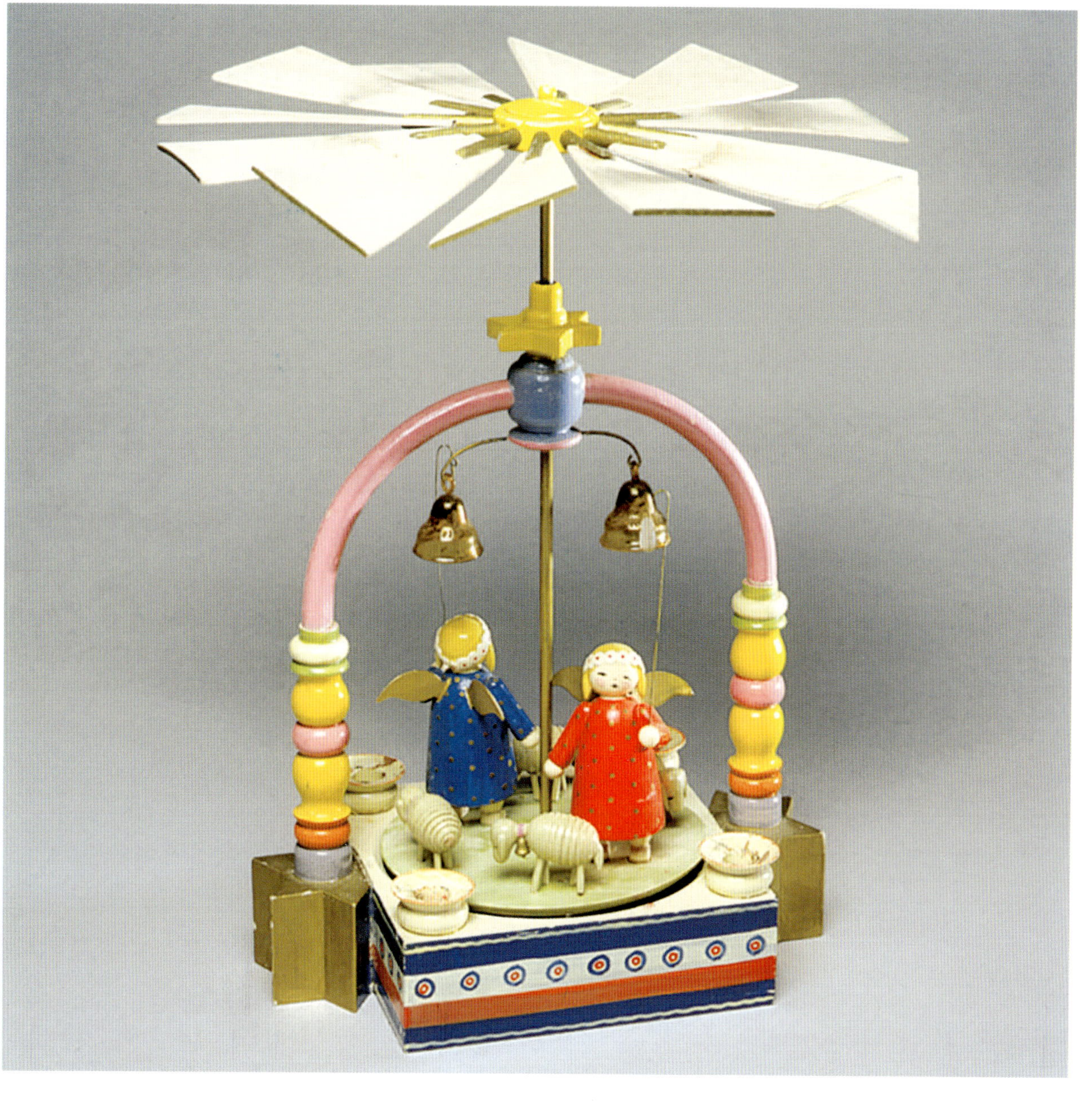

Wiegengruppe

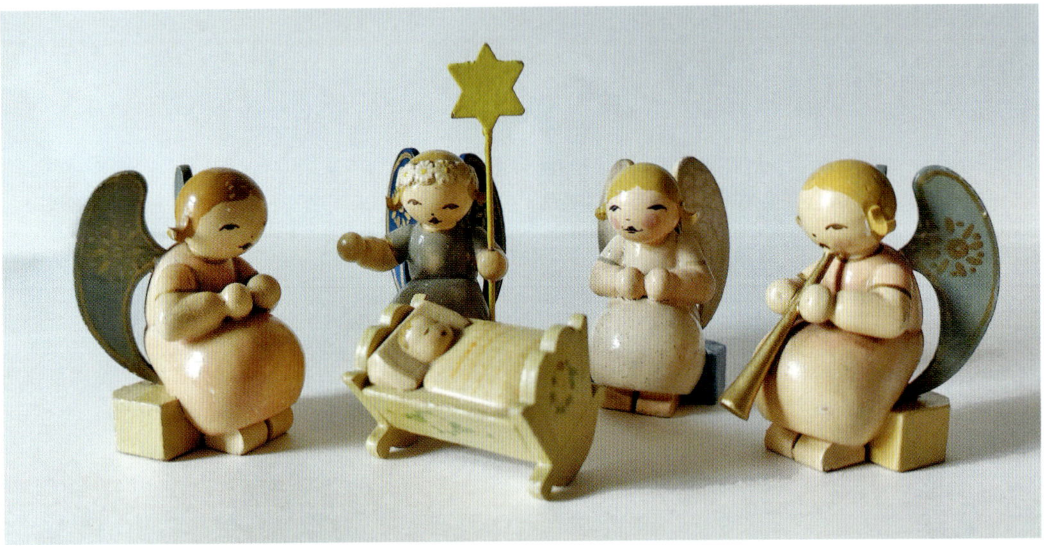

Die Wiegengruppe entstand vor 1937. Die Engel mit den bauschigen Röcken und großen Flügeln tragen die Handschrift von Olly Wendt. Zunächst bestand die Gruppe aus zwei weiß gekleideten, betenden Engeln und einem Engel im blauen Gewand mit Stern. Später wird ein weiß gekleideter Engel gegen einen rosafarbenen ausgetauscht. Der musizierende Engel hat sich zur Freude des Kindes zur Gruppe gesellt.

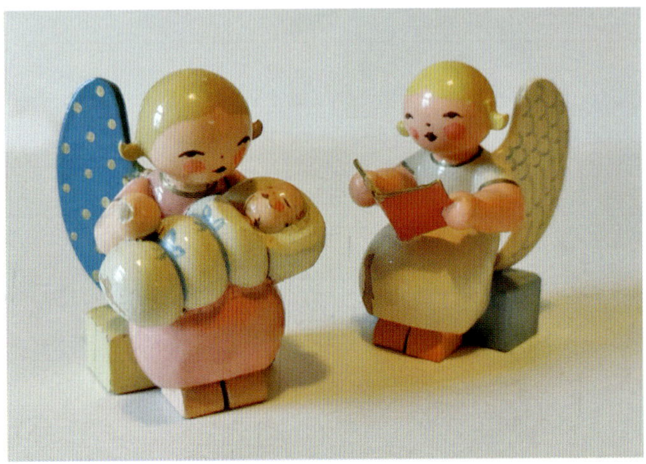

In ähnlicher Form und mit den großen Flügeln wurde die Zweiergruppe Engel mit Baby und mit Buch in derselben Zeit gefertigt. Beide Gruppen stammen aus der Zeit nach 1949.

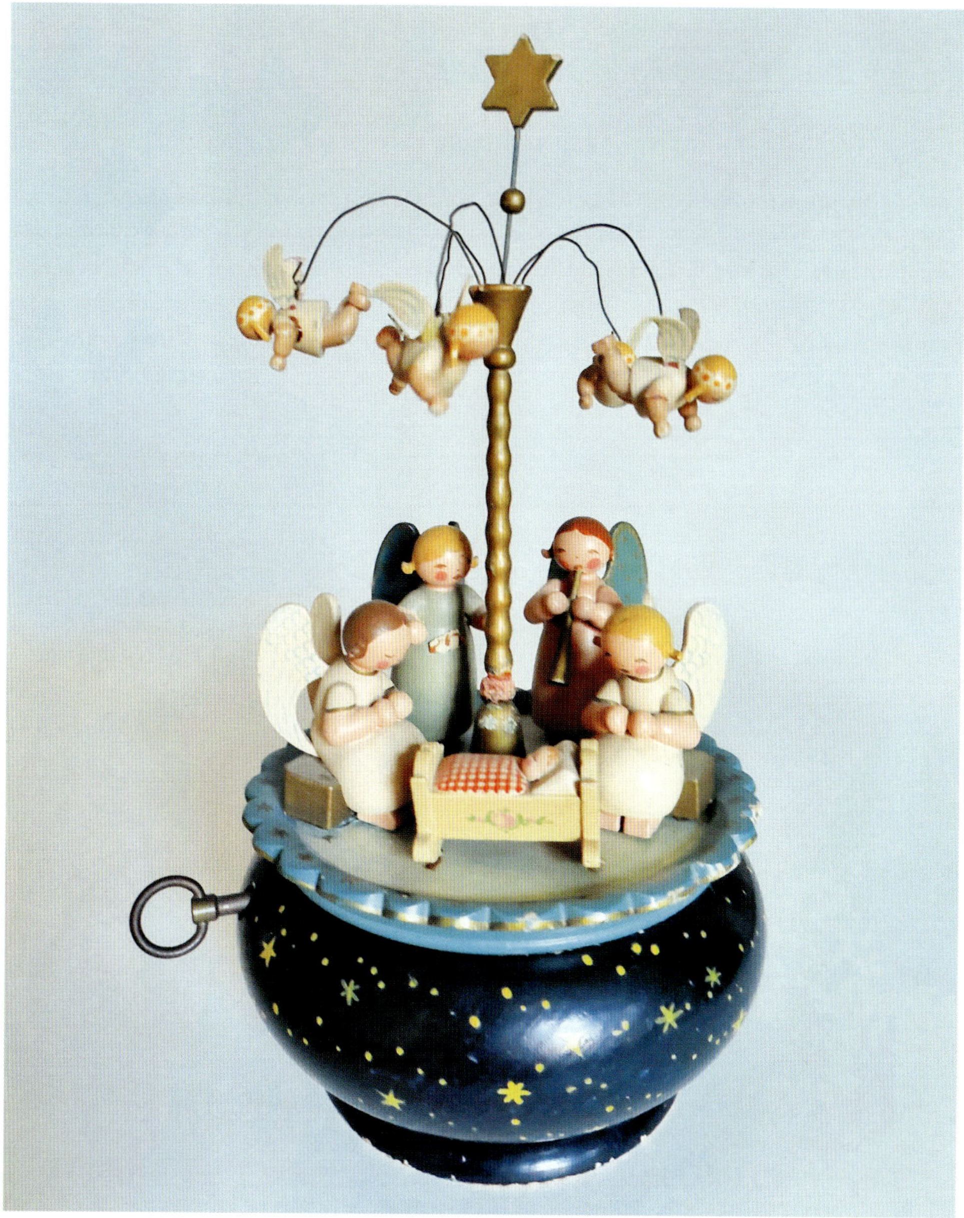

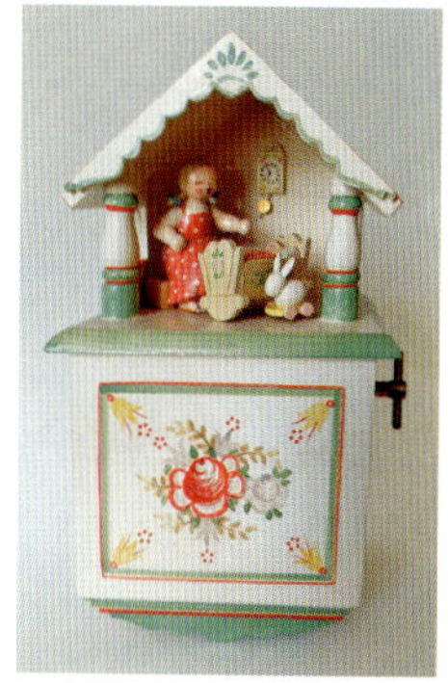

Eine weitere Spieldose kombiniert die gleiche Wiege statt mit Engel mit einem Mädchen. Sie spielt das Lied „Guten Abend, gute Nacht". Auch diese Spieldose gehört zurzeit nicht zum lieferbaren Programm.

Auf der Spieldose mit Wiegengruppe wurde vermutlich aus Symmetriegründen der Engel mit Stern gegen zwei musizierende Engel mit Flöte und Notenblatt ausgetauscht. Die Spieldose trägt die Bodenmarke für die Fertigungszeit zwischen 1949 und 1972.

Kronenengel

Die Kronenengel wurden von Olly Wendt entworfen und ab 1937 im Katalog angeboten. Vermutlich sind sie aber schon früher gefertigt worden und blieben bis Anfang der 1940er-Jahre im Angebot. Die Figurengruppe wurde in zwei Größen gefertigt mit unterschiedlicher Ausstattung. Die Kronenengel mit ihren roten Kleidern und ihren gezackten und fantasievoll mit Blütenzweigen bemalten Flügeln sowie den goldenen Kronen werden aktuell, wie auf dem

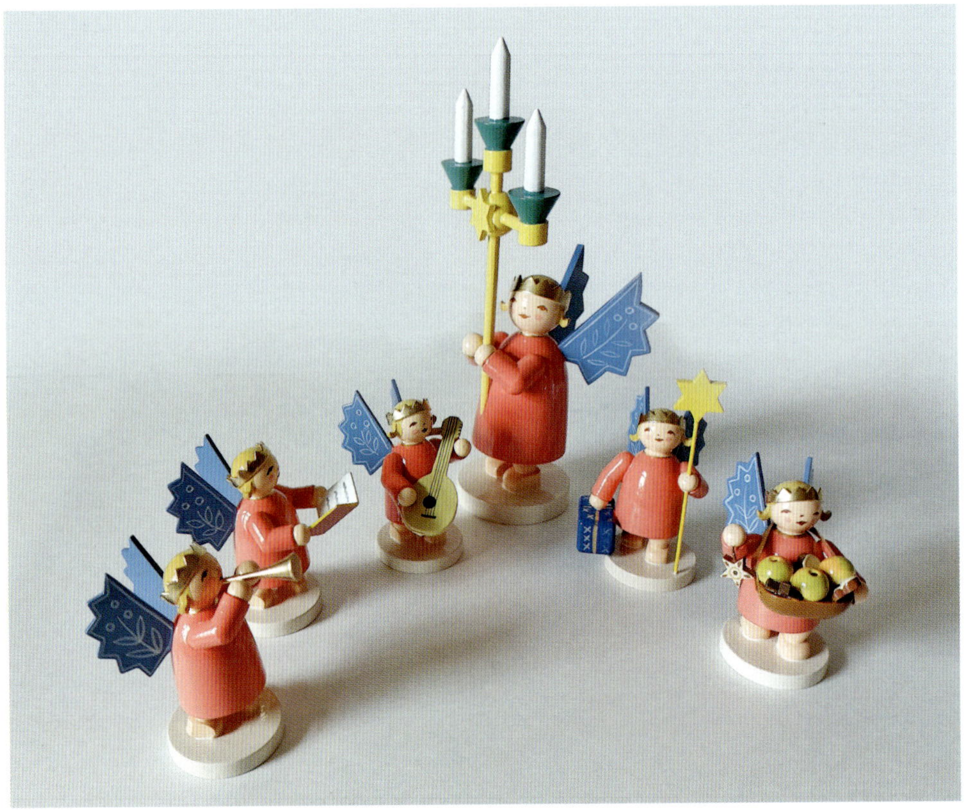

Foto zu sehen, wieder Jahr für Jahr auf den Markt gebracht. Bisher werden fünf kleine Engel mit Stern, Laute, Korb mit Äpfeln und Pfefferkuchen, Flöte sowie mit Buch angeboten, zwei größere mit Leuchter und mit zwei Lichtnäpfen und Holzkerzen. In der ursprünglichen Gruppe wurde der größere Engel mit zwei Lichtnäpfen für echte Kerzen angeboten, außerdem gab es in der gleichen Größe einen Engel mit einem Lichterbogen mit drei kleinen Kerzen.

Der große Tischleuchter für fünf Kerzen, der seit 2019 wieder produziert wird, war ursprünglich mit Engeln bestückt, die statt der Krone einen Margeritenkranz trugen. Im Katalog von 1937 wurde ein Kronenengel-Leuchter mit drei Engeln und drei Kerzen angeboten.

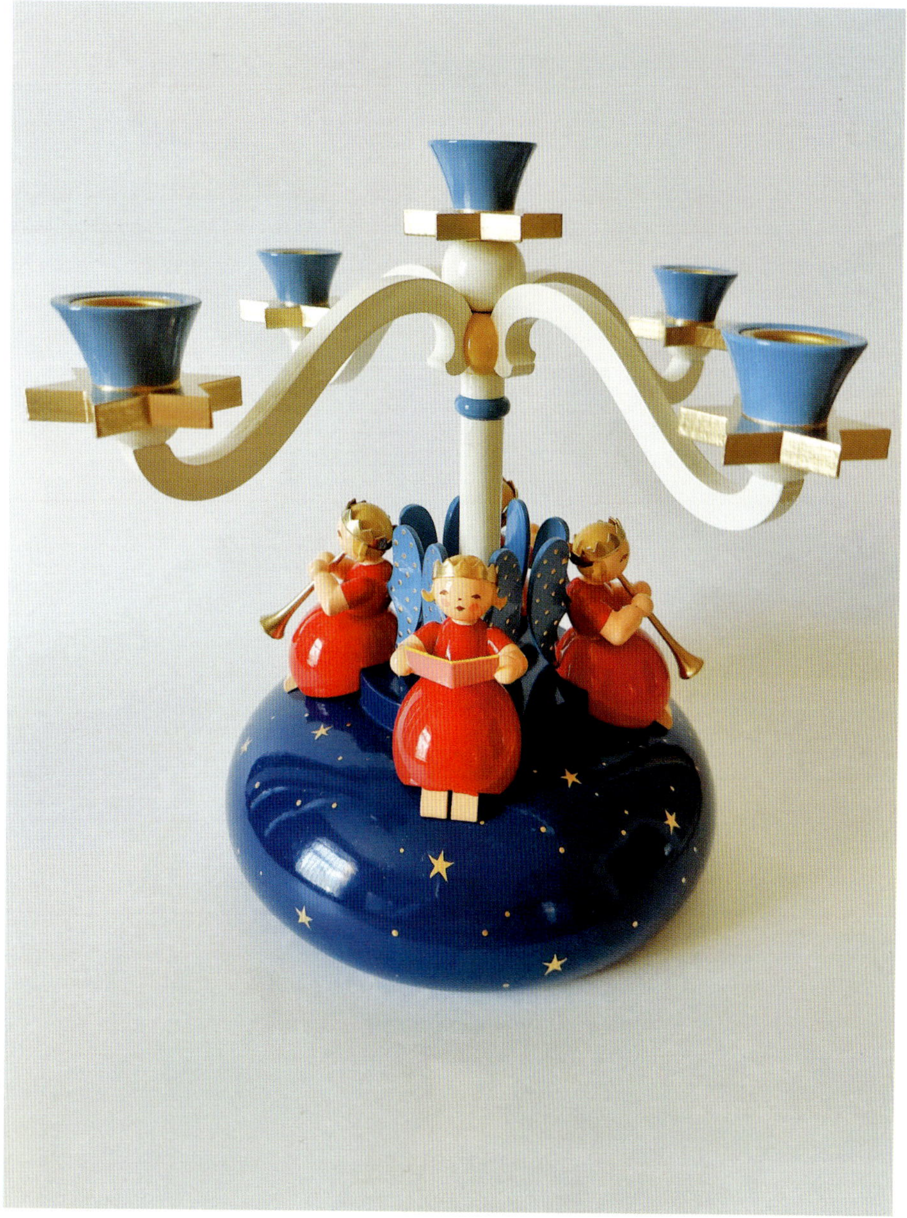

Geschenkeengel

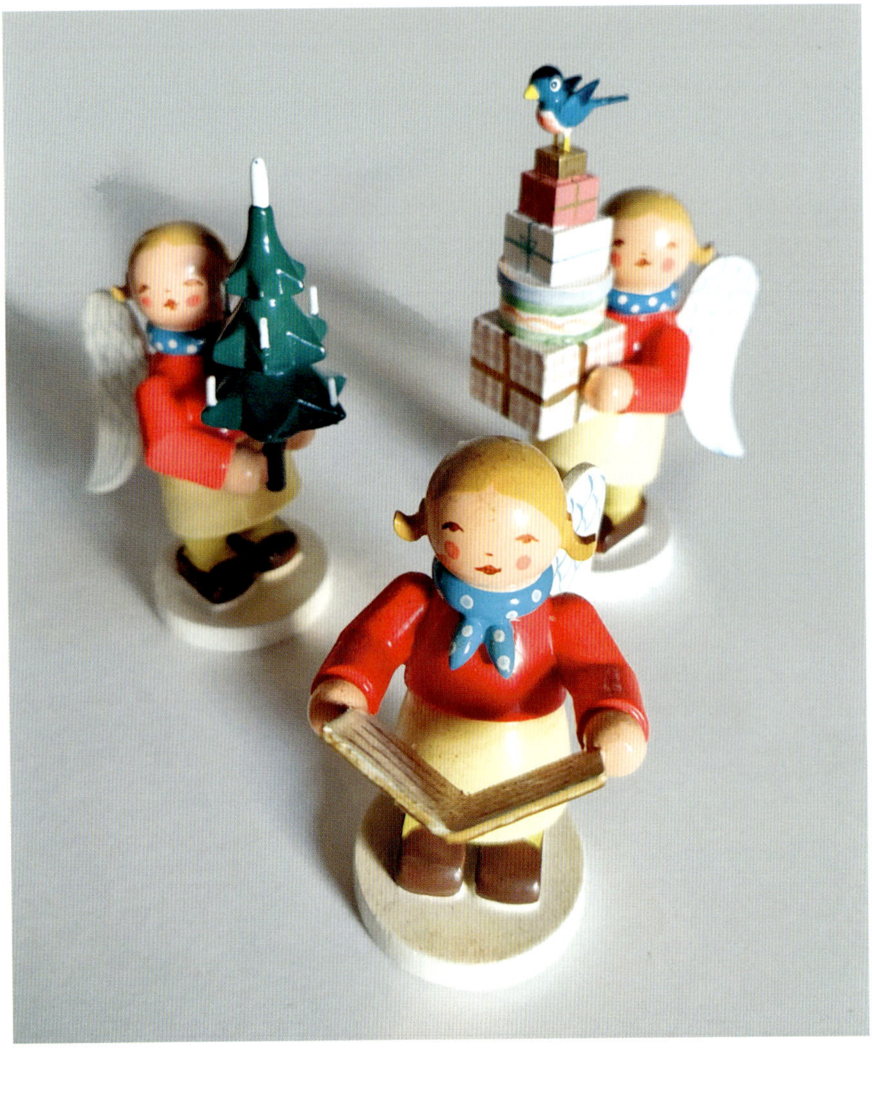

Die Vorstellung, dass kleine Engel für die Weihnachtsgeschenke sorgen, gehört vor allem für Kinder noch zur weihnachtlichen Vorfreude. Wenn man die munteren drei Engel anschaut, kommt man gleich in Feststimmung: Alles haben die Engel dabei, Baum, Geschenke und Musik. Olly Wendt entwarf diese Gruppe 1936. Ihre Handschrift erkennt man an den reizvoll bemalten Flügeln, die auch einige der größeren weißen Margeritenengel sowie Engel der Wiegengruppe zieren.
Die Gruppe auf dem Foto stammt aus der letzten Fertigung der Geschenkeengel in den Jahren 1995 bis 2010.

Drei Brokatengel

Schon die Bemalung der drei Brokatengel lässt auf einen Entwurf von Olly Wendt schließen. Die bezaubernden, zart bemalten Engel, die in leicht unterschiedlichen Farben gefertigt wurden, haben einen traurigen Hintergrund. Im Jahr 1945 entwarf die Künstlerin die Figuren als Wilkommensgeschenk für ihren in Kriegsgefangenschaft geratenen Mann. Zur Übergabe sollte es leider nicht mehr kommen, Johannes Wendt verstarb 1945 in Tscherepowez/Nord-West-Russland. 1953 waren die Engel erstmalig auf der Preisliste zu finden. Im März 1969 erhält Olly Wendt für den Entwurf eine Goldmedaille vom Warenzeichenverband „expertic". Die Engel gehören derzeit nicht zum lieferbaren Sortiment. Die abgebildeten Engel stammen aus der Produktion zwischen 1968 und 1972.

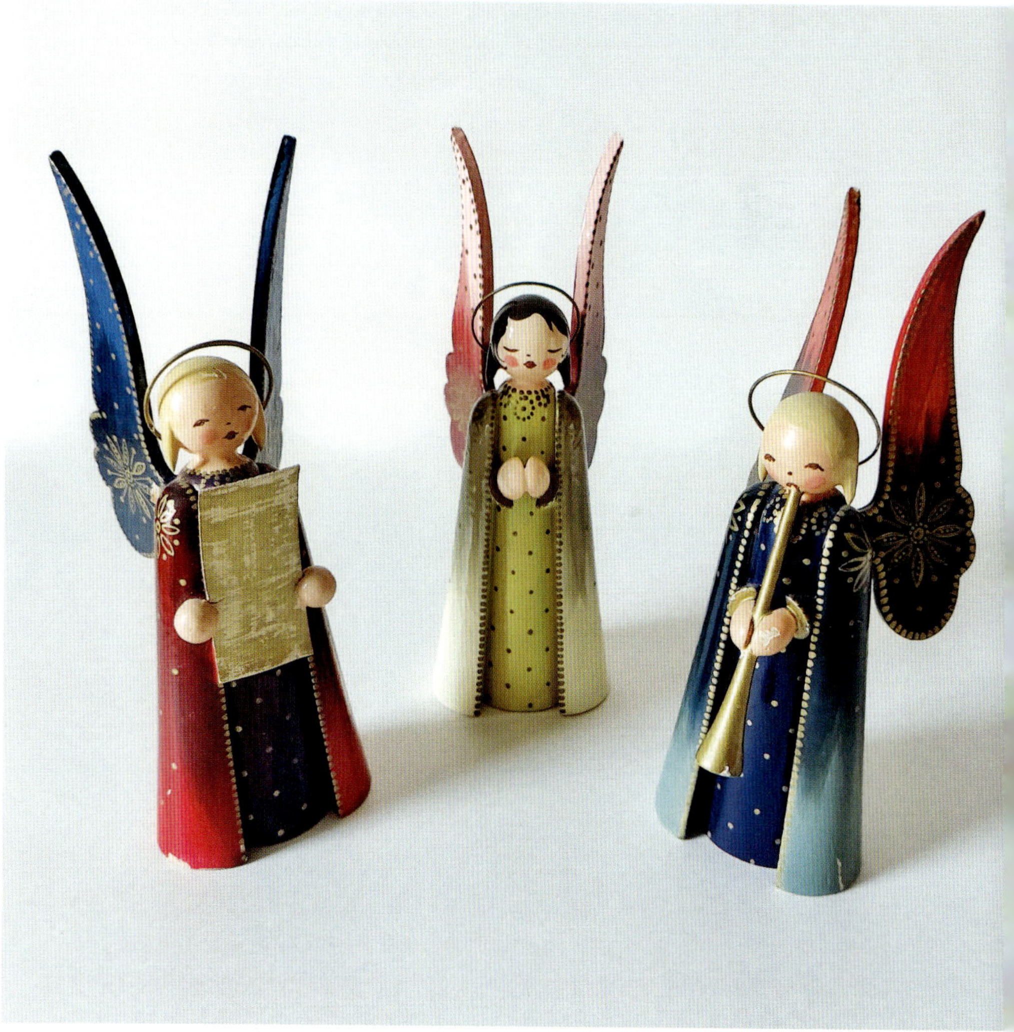

Handwerker

Die Gruppe der Handwerker, bestehend aus zwei Maurern, Ziegelträger, Straßenarbeiter mit Spitzhacke und Schubkarre sowie Maler und Tischler, entstand nach einem Entwurf von Grete Wendt in den 1940er-Jahren. Es war eine Auftragsarbeit im Rahmen des Wiederaufbaus der zerstörten Stadt Dresden. Ab 2007 wurden die Figuren für einige Jahre wieder angeboten. Aus dieser Fertigung stammen die abgebildeten Exemplare.

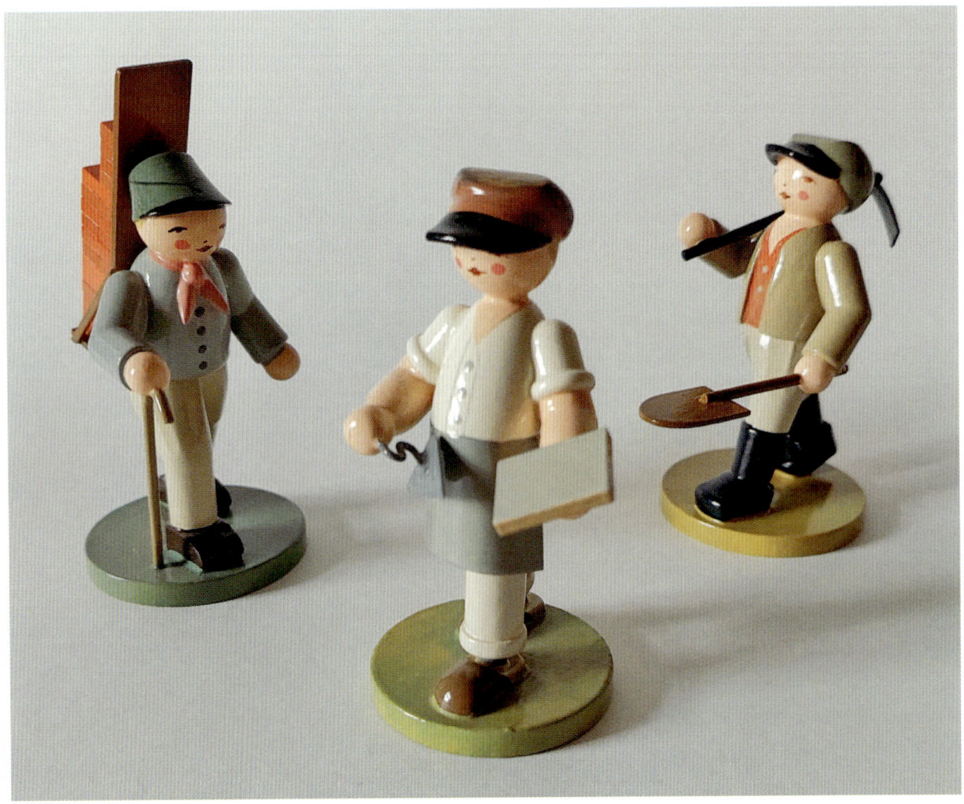

Der Steuermann Jan Kimm wurde 1959 für die Iduna-Germania Versicherung produziert. Eine größere Version der Figur mit 40 cm Höhe wurde 2015 angeboten und ist seit 2020 nicht mehr lieferbar. Seit 2021 wird der Seemann wieder in kleinerer Form gefertigt, sowohl in der ursprünglich blau/schwarzen Version als auch in strahlend gelber Seemannsjacke mit gleichfarbigem Südwester.

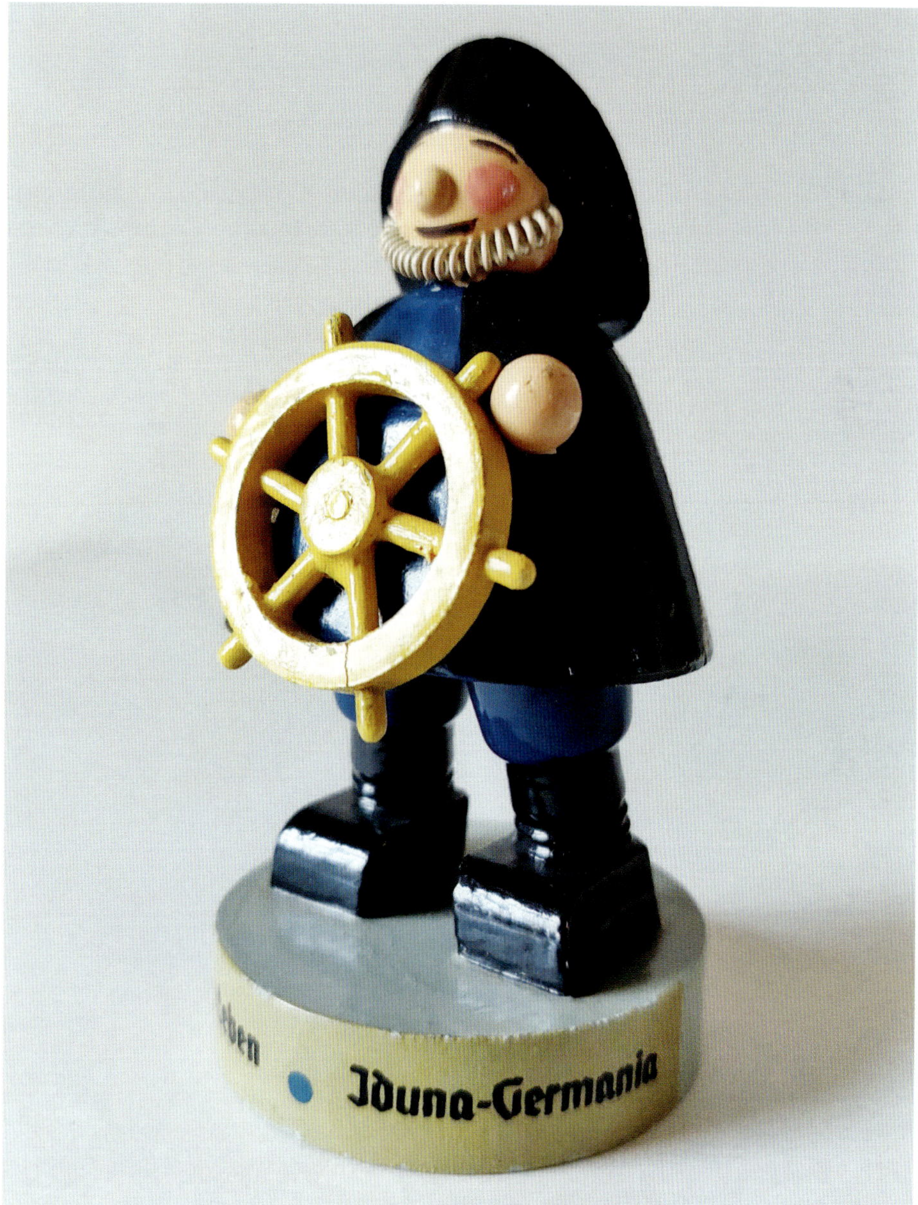

Fußballer

Zur Fußball-Weltmeisterschaft 2006 entstanden die beiden Fußballjungen im roten und blauen Streifen-Trikot. Sie werden nicht mehr produziert. Welches Kinderherz würde nicht höher schlagen, könnte es mit dieser Mannschaft trainieren?

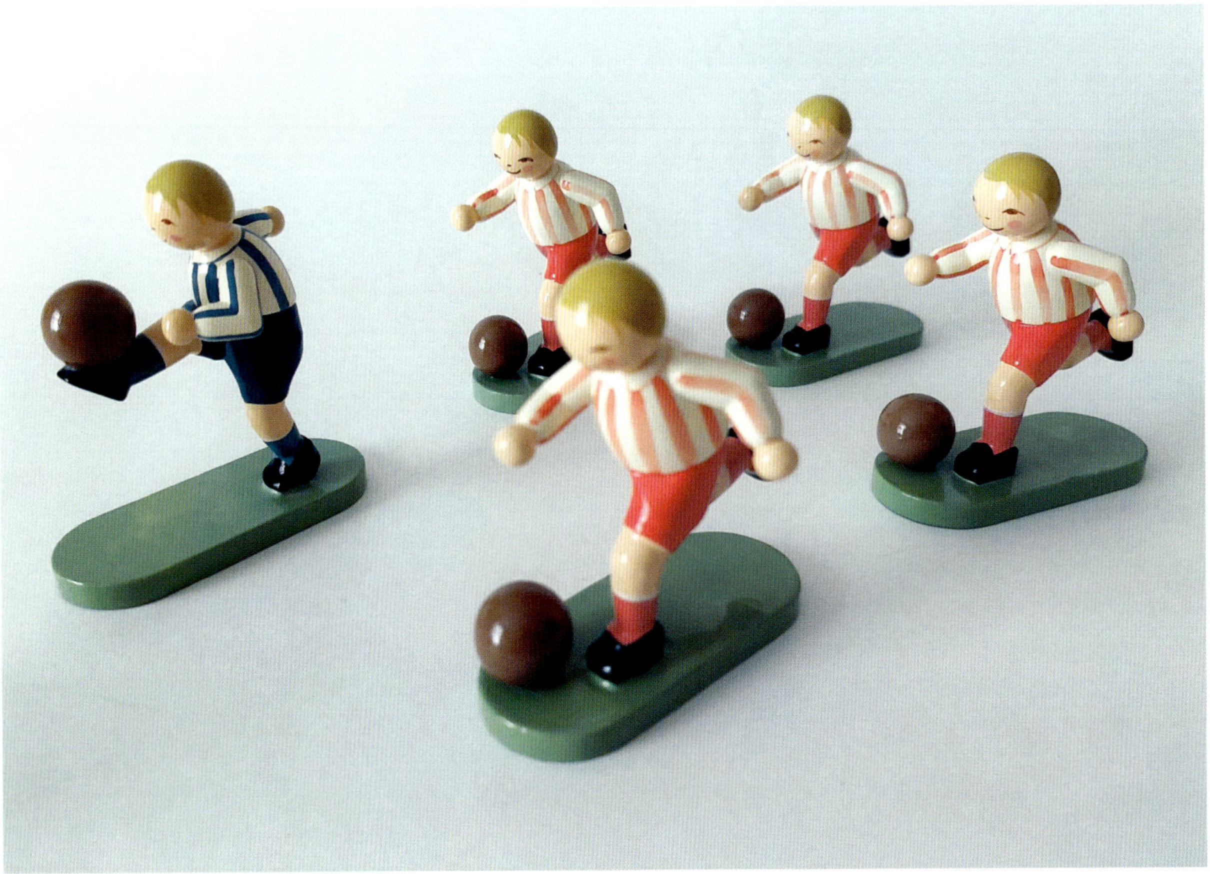

Quellen und weiterführende Literatur

Ehrhardt Heinold
Himmlische Boten aus dem Erzgebirge,
Die weltberühmten Engel von Wendt & Kühn
Husum, 4. Auflage 2016

Ehrhardt Heinold
Kleines Erzgebirge-ABC
Husum, 2. Auflage 2012

Ehrhardt Heinold
Tales of Arks, Angels and Nutcrackers
Husum, 2012

Ehrhardt Heinold/Alix Paulsen
Erzgebirgisches Brauchtums-ABC
Husum, 2003

Erzgebirgisches Spielzeug-ABC
Husum, 2002

Erzgebirgisches Weihnachts-ABC
Husum, 2001, 3. überarbeitete Auflage 2016

Gertrud Caspari
Lebendes Spielzeug
Husum, 2008

Cordula Bischoff, Igor Jenzen
100 Jahre Wendt & Kühn, Dresdner Moderne aus dem Erzgebirge
Chemnitz, 2016

85 Jahre Wendt & Kühn
Die Grünhainichener Werkstätten für feine figürliche Holzarbeiten und Spieldosen
Grünhainichen, 2000

Feine Holzarbeiten
Spiel- und Tändelkram aus den Werkstätten Wendt & Kühn
Nachdruck Firmenkatalog 1937
Wendt & Kühn
Grünhainichen, 2005

Matthias Zwarg
Geschichten aus der Manufaktur
Wendt & Kühn
Grünhainichen, 2020

Unsere Geschichte
Werkstätten für feine figürliche Holzarbeiten und Spielwaren
Wendt & Kühn
Grünhainichen, 2010

Sowie historische Kataloge und Zeitschriften aus dem Verlagsarchiv Husum

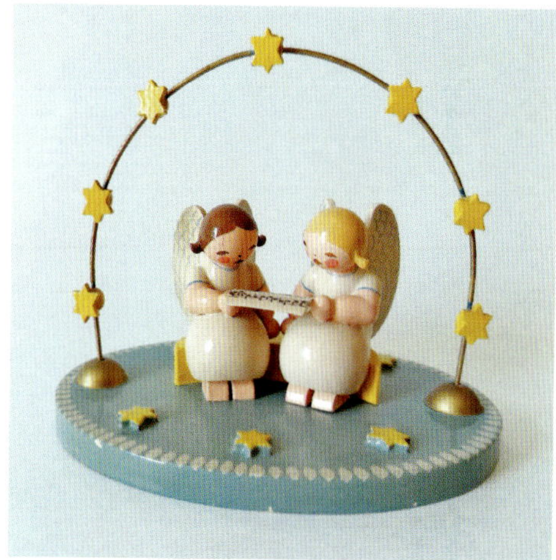

Die beiden Engel unter dem Sternenbogen stammen aus der Produktionszeit ab 1946.